ÉTUDE COMPARATIVE

DE L'ENSEIGNEMENT TECHNIQUE SUPÉRIEUR

EN FRANCE ET A L'ÉTRANGER

PAR

M. LÉON GUILLET (1)

AVANT-PROPOS

De nombreuses communications ont déjà été faites devant la Société des Ingénieurs Civils sur les différents facteurs qui ont particulièrement influencé le développement de l'industrie allemande. On a insisté — à maintes reprises et fort justement — sur le rôle des recherches scientifiques, sur le développement des laboratoires et sur la formation des ingénieurs chez nos ennemis. Peut-être ne faut-il pas oublier, sans même parler des causes ethniques, qu'il y a eu d'autres causes péremptoires à cette extension industrielle; certaines dont nous ne sommes point maîtres, comme la richesse du sol, notamment en charbon; d'autres que les événements actuels modifieront, sans nul doute, comme la protection de l'État, dont les Français n'ont pas toujours eu à se louer, l'aide des banques que notre industrie ne connaît que fort peu, nos financiers étant beaucoup trop préoccupés des placements de fonds d'États étrangers, etc., etc.

Il n'en est pas moins vrai que nombreux sont ceux que préoccupent la situation et l'avenir de l'enseignement technique supérieur. Beaucoup s'agitent demandant des modifications et des créations; certains pensent que, dans les circonstances actuelles l'inactivité est coupable; mais là comme en beaucoup de choses les directives manquent, les efforts ne sont pas coordonnés et les bonnes volontés abondantes risquent — encore une fois — de faire fausse route.

Il nous a semblé que la Société des Ingénieurs Civils de France qui a trouvé le plus grand intérêt à la communication sur l'apprentissage, de notre collègue M. Jannetaz, ne pouvait rester indifférent à tout le mouvement qui se créé.

Elle ne le peut; car tous ses membres sont spécialement intéressés à la

(1) Conférence faite à la Société des Ingénieurs Civils de France le 3 novembre 1916, sous la Présidence de M. Clémentel, Ministre du Commerce et de l'Industrie.

formation des jeunes ingénieurs qui viendront demain grossir les effectifs des usines et prendre le commandement des troupes ouvrières.

Elle ne le peut : car, à chaque séance, elle entend nommer, avec la plus douloureuse émotion, ceux de ses membres tombés au champ d'honneur, la plupart sortis des grandes Écoles, et elle pense, le cœur serré, à tous les élèves qui demain, auraient été siens et qu'une mort glorieuse a fauchés avant que l'industrie ait pu profiter de leur travail.

Elle ne peut enfin se désintéresser de l'enseignement technique supérieur; car si celui-ci a pris un aussi grand développement, en Allemagne, une orientation si précise en Angleterre, il le doit — j'y insisterai plus loin — aux deux grandes Sociétés d'Ingénieurs de ces pays.

Ceci dit, pour m'excuser de sortir un peu du cadre des communications faites à la Société et de retenir aussi longuement son attention.

Le sujet que j'aborde est, je le sais, essentiellement délicat. Il est fort difficile, presque impossible, de le traiter sans blesser quelque intérêt personnel. Mais le temps n'est plus où l'on doive ménager chèvre et chou. J'apporterai, dans ma documentation, toute l'impersonnalité possible, et si je suis obligé d'en sortir, on voudra bien n'y voir que l'intérêt général. Il est bien certain d'ailleurs que je me placerai — en ce qui concerne les précisions — au point de vue spécialement métallurgique, et que je puiserai surtout mes exemples dans mes enseignements du Conservatoire National des Arts et Métiers et de l'École Centrale et l'on voudra bien m'excuser si je cite parfois les mesures que j'ai pu prendre. Je me laisserai guider par l'affection si profonde que j'ai vouée à l'École où je me suis formé, aux deux établissements où j'ai le très grand honneur d'enseigner.

Cette communication sera divisée en deux parties bien nettes : avant de discuter, il est nécessaire de bien préciser la question. Dans la première partie je ferai donc une étude comparative de l'enseignement technique supérieur dans les différents pays. J'étudierai successivement la situation en France, en Allemagne, en Angleterre, aux États-Unis, en Suisse, en Belgique.

Je tiens à ajouter de suite que s'il m'a été donné d'étudier — dans différentes missions ou avec divers congrès — l'enseignement technique dans ces pays, à l'exception des États-Unis, pour ces derniers, je n'en parlerai que d'après les documents mis à ma disposition.

De cette étude comparative, nous tirerons des conclusions générales nous montrant les différences d'orientation notables.

Dans la seconde partie, nous examinerons les progrès que doit faire *notre* enseignement.

PREMIÈRE PARTIE

L'Enseignement technique supérieur en France et à l'étranger.

Chaque pays nous offre, au point de vue enseignement technique, une trilogie analogue à celle que tous connaissent dans l'enseignement universitaire. Mais il est bien entendu que nous n'étudierons ici que l'enseignement technique supérieur. Nous serions tentés de le délimiter à toute École formant des ingénieurs, bien que certaines Écoles telles celles des Arts et Métiers soient généralement considérées comme enseignement secondaire. Toutefois, la délimitation n'étant pas très nette, nous parlerons plus loin de ces centres d'enseignement qui ont joué un rôle si important dans le développement de nos industries. — Mais, de façon générale, nous regarderons comme enseignement technique supérieur, tout enseignement donné, soit dans les grandes écoles, c'est-à-dire celles qui puisent actuellement leurs élèves dans les classes de Mathématiques spéciales, soit par les instituts ayant des points d'attache avec l'Université. — Nous en rapprocherons toutefois certaines Écoles indépendantes.

L'Enseignement technique supérieur en France

Les centres d'enseignement technique supérieur en France peuvent être classés à divers points de vue :

Première classification au point de vue du ministère duquel ils relèvent :

Nous avons ainsi :

a) Les centres d'enseignement dépendant du Ministère du Commerce et de l'Industrie ;

Le Conservatoire National des Arts et Métiers,
L'École centrale des Arts et Manufactures,
Les Écoles d'Arts et Métiers au nombre de six :
Angers, Aix, Châlons, Cluny, Lille, Paris.
L'École de Physique et de Chimie de la Ville de Paris.

b) Les centres d'enseignement dépendant du Ministère des Travaux Publics :

École Supérieure des Mines,
École des Mines de Saint-Étienne,
École des Ponts et Chaussées.

c) Les centres d'enseignement dépendant du Ministère de l'Instruction Publique, c'est-à-dire les Instituts créés près des Universités dont les principaux sont :

Nancy, Grenoble, Lille, Lyon, Paris (Institut de Chimie appliquée), Toulouse.

d) Les centres d'enseignement indépendants qui sont déjà assez nombreux :

L'École Supérieure d'Électricité,
L'École de physique et de chimie de la Ville de Paris, indirectement rattachée au Ministre du Commerce.
L'École Centrale Lyonnaise,
L'Institut du Nord à Lille,
L'École des Travaux Publics de Paris,

2° *Classification* au point de vue du recrutement :

Ecoles recrutant ses élèves par concours.	Sur programme des classes des mathématiques spéciales.	Ecole Centrale. Ecoles des Mines de Paris et de St-Etienne, Ecole des Ponts et Chaussées.
Ecoles recrutant ses élèves par concours.	Sur programme spécial.	Ecole des Arts et Métiers. Ecole de Physique et Chimie. Certains instituts et écoles libres.
Ecoles recrutant ses élèves sur diplôme ou examens.	Diplôme des grandes écoles.	Ecole Supérieure d'Electricité.
	Baccalauréat.	La plupart des instituts rattachés aux universités.
Ecole entièrement libre.	Conservatoire National des Arts et Métiers.	

Passons rapidement en revue les caractéristiques de l'enseignement dans ces principaux centres, en insistant tout spécialement sur les Grandes Écoles.

Conservatoire national des Arts et Métiers.

Cet établissement, que l'on a souvent appelé la *Sorbonne industrielle*, est ouverte à tous les travailleurs, comme les Facultés.

Pendant longtemps, chaque professeur y a été maître de son enseignement. Des modifications importantes ont été apportées récemment et il nous paraît nécessaire de les préciser. Actuellement l'enseignement du Conservatoire comporte vingt-trois chaires dont seize de Sciences appliquées et de technologie et sept d'Économie politique.

Tout professeur doit faire son cours, sur programme approuvé par les Conseils et le Ministre du Commerce en un nombre d'années qui est généralement de trois, parfois de deux (Électricité industrielle, Verrerie et Céramique, Matières colorantes et Teintures). Chaque année les leçons, s'élevant au nombre de quarante environ, par cours, sont faites à raison de deux par semaine (durée d'une heure) à partir du début de novembre entre 8 et 10 heures du soir.

Ces enseignements sont complétés pour la plupart :

a) Par des manipulations ayant lieu le dimanche matin ;

b) Par des visites dans le musée.

Certains professeurs ont adjoint des visites d'usines, le jeudi ou le dimanche et même des voyages dans des centres industriels.

Des certificats d'étude sont accordés aux auditeurs qui, ayant suivi régulièrement un cours — ce qui est constaté par une carte d'assiduité — subissent avec succès devant le professeur un examen de fin d'année sur les matières enseignées. Un diplôme d'étude est donné à tout auditeur qui, ayant obtenu les certificats de l'enseignement complet de *trois* cours connexes, passe avec moyenne suffisante, un examen d'ensemble sur les matières relevant de ces trois enseignements (On appelle cours connexes, des cours se rapportant à peu près à la même spécialité ; exemples : mécanique, machines, métallurgie ; chimie générale, chimie industrielle, matières colorantes et teinture).

Dans les dernières années qui ont précédé la guerre, les cours du Conservatoire ont compté environ 2.300 auditeurs ; les plus suivis comportent plus de 300 auditeurs ; ceux-ci peuvent se classer comme suit — du moins en ce qui concerne notre enseignement :

a) Des jeunes gens qui, ayant manqué l'entrée des grandes écoles, sont arrivés dans l'industrie par la petite porte (environ 50 %).

b) Les contremaîtres, petits industriels, employés, etc... (environ 25 %).

c) Les anciens élèves ou élèves des grandes écoles qui viennent chercher un supplément d'information ou entendre traiter une question nouvelle (environ 15 %).

d) Des auditeurs irréguliers, dont certains ne cherchent qu'à se mettre à l'abri des intempéries (environ 10 %).

Peut on déjà se rendre compte de l'intérêt présenté par les diplômes et certificats ? Indiscutablement, ils ont ouvert la porte de l'industrie à de nombreux élèves ou, plus exactement, ils leur ont permis de gravir rapidement des échelons et d'atteindre, très jeunes, les rangs de contre-maîtres, de chefs de fabrication, voire même de directeur d'usine. J'en ai eu, dans mon propre enseignement, des exemples frappants. Je n'en cite pour témoin que deux, pour ne parler que de disparus : le premier, Revol, vint suivre les cours, alors qu'il était tourneur dans une usine de décolletage ; mis au courant des méthodes scientifiques, les plus modernes, il put les utiliser, par des moyens de fortune, pour classer les métaux qu'il travaillait et même en faire la réception ; son patron le nomma chef d'équipe, puis contremaître. Une boulonnerie des Ardennes le prit comme chef d'atelier ; il fut nommé bientôt directeur. Et enfin, quelques mois avant la déclaration de guerre, une grande usine du centre de la France lui avait confié sa mise au point par le système Taylor.

Cette belle intelligence, ce grand travailleur, partit dès le début de la guerre, fut envoyé, sur sa demande, aux postes les plus périlleux et succomba en Artois le 9 octobre 1914.

Second exemple : Un dessinateur d'une usine parisienne suit pendant trois ans les cours du Conservatoire ; il obtient le diplôme et entre de suite au laboratoire des usines de Dion et Bouton ; peu de temps après, son travail et son rendement sont tels qu'il en est nommé sous-chef. Lui aussi est mort récemment.

Je pourrais multiplier ces citations ; mes collègues pourraient, sans nul doute, les faire plus nombreuses encore. Que l'on me permette seulement d'insister sur le mérite, la volonté, la ténacité de ces élèves de tous âges, qui, après une dure journée de travail, viennent suivre le plus souvent deux heures de cours ; aucune joie n'est plus grande pour le professeur, qui aime profondément son métier, que de se sentir écouté, compris de tous ces travailleurs émérites.

Je reviendrai plus loin sur l'avenir du Conservatoire.

En somme, à l'heure actuelle, son rôle se résume de la façon suivante :

1° Enseignement libre ne constituant pas un ensemble défini pouvant être entièrement suivi par un même élève ;

2° Durée d'un cours, généralement trois ans (plus exactement trois semestres répartis en trois ans) soit 125 leçons ;

3° Certificat et diplôme d'étude ne donnant pas de titre ;

4° Caractère spécial de l'enseignement : seul établissement ouvert à tous et où se traitent les questions de technique scientifique.

Dans la proposition de loi, relative à la création de Faculté des Sciences appliquées, qu'il a déposée le 30 juillet 1915, et sur laquelle je reviendrai longuement plus loin, M. le Sénateur Goy a adressé de sévères critiques au Conservatoire. Il déclare notamment :

« Les cours qui s'y donnent comme les collections qu'il possède, retardent de quelques dizaines d'années sur l'état présent de l'industrie. Tout y est vieux : maison, laboratoire, collections, enseignement (1). On y fait l'histoire des sciences appliquées dans le passé ; rien n'y est vivant, actuel. »

M. le Sénateur Goy n'est certainement pas au courant de l'effort considérable qui a été fait au Conservatoire depuis dix ans — pour ne pas remonter plus loin — qu'il me permette de constater qu'aucun Institut, qu'aucune École n'a vu, au contraire, ses cours, — je ne parle pas des conférences d'actualités faites le dimanche — mieux tenu au courant des progrès de la technique ; aucun établissement n'a plus eu le souci de l'union de la science et de l'industrie. Il serait aisé de contrôler par les feuilles mises à la disposition des élèves de certains cours, par le titre affiché de chaque leçon, tout ce que j'affirme ici. Quant aux collections, elles ont progressé de façon remarquable dans ces dernières années et je l'ai nettement indiqué ici même, du moins en ce qui

(1) Je remercie M. le Sénateur Goy d'avoir bien voulu excepter de cette vieillesse générale le Corps professoral.

concerne la métallurgie. Les progrès seraient d'ailleurs singulièrement facilités si M. le Sénateur Goy voulait bien faire voter des crédits spéciaux à ce sujet. Je conviens qu'il est plus difficile de chiffrer l'influence qu'a pu avoir le Conservatoire sur la vie industrielle du pays, puisqu'il ne forme pas d'ingénieurs. Toutefois, les chiffres et exemples que nous avons cités témoignent bien de la vitalité de ce grand établissement.

En réalité, on peut affirmer que, contrairement à ce que dit M. le Sénateur Goy, sans apporter de précision dans la discussion, le Conservatoire des Arts et Métiers est bien le Collège de France des Sciences appliquées. Nous insisterons plus loin d'ailleurs sur les projets d'avenir.

École Centrale des Arts et Manufactures.

Le fonctionnement de cette École est trop connu de la plupart d'entre les membres de la Société pour qu'il nous soit nécessaire d'insister. Je rappelle seulement les caractéristiques.

Le recrutement des élèves se fait par voie de concours, sur un programme de mathématiques spéciales (cours de Centrale) sans limite d'âge. Le nombre des candidats était d'environ 900 dans ces dernières années.

Le nombre des élèves par promotion est d'environ 230 à 250.

L'enseignement se fait en trois années et comprend : des cours, des conférences, des travaux de laboratoire, des projets. La première année est, du moins en grande partie, théorique. La deuxième et la troisième années comprennent les cours industriels.

Voici le partage actuel du temps par année :

	Première année	Deuxième année	Troisième année
Nombre d'heures de cours	620	620	450
Nombre d'heures de dessins et projets	360	350	450
Nombre d'heures de travaux de laboratoire	130	160	110
	1.110	1.130	1.010

C'est assez dire la somme de travail que doivent fournir les *Centraux*. Le passage d'une division à l'autre se fait sur moyenne éliminatoire.

L'enseignement est commun à tous les élèves, du moins en ce qui concerne les cours. En deuxième et troisième année quelques projets et conférences et diverses manipulations se font suivant les spécialités qui sont au nombre de quatre : constructeurs, mécaniciens, métallurgistes et chimistes. Mais, à la fin de la troisième, les élèves doivent faire un « projet de sortie », qui roule sur la spécialité choisie au milieu de la seconde année. En somme, la spécialisation a peu d'importance. D'ailleurs, elle n'est plus portée sur le diplôme.

Depuis peu, des élèves assez nombreux exécutent des stages d'usines pendant les vacances. Au cours de ces dernières années, grâce à l'appui de la Société des Amis de l'École, d'importants laboratoires ont été créés, notamment ceux de machines-outils, de force motrice, d'électricité et de métallurgie (métallographie et déterminations physico-chimiques) à compléter incessamment par un laboratoire de traitements thermiques et mécaniques.

En résumé, le fonctionnement de l'École Centrale est caractérisé de la façon suivante :

a) Recrutement des élèves par voie de concours (programme de mathématiques spéciales) sans limite d'âge;

b) Nombre d'élèves moyen de 250 par promotion ;

c) Durée de l'enseignement : 3 années ;

d) Enseignement encyclopédique, commun à tous les élèves, sauf quelques travaux et projets en dernière année;

e) Développement, depuis quelques années, des travaux de laboratoire, des visites d'usine, et même tout récemment, des stages d'usine.

Enfin, nous ne saurions passer sous silence les deux autres caractéristiques de l'École Centrale, elle a son budget propre, ses élèves doivent se préoccuper eux-mêmes de leur avenir, aidés par l'École et l'Association.

Il ne m'apparaît pas que ce soit le lieu et le moment de montrer le rôle que l'École Centrale joue dans l'industrie nationale et même mondiale. Je reviendrai plus loin sur le reproche qu'on lui a si souvent fait de ne pas avoir de spécialisation suffisamment nette. Permettez-moi seulement de me demander aujourd'hui, si les services rendus par notre École, dans les circonstances actuelles, seraient aussi importants si la formation de ses élèves avait été plus étroite.

École Supérieure des Mines.
École des Ponts et Chaussées.

Ces deux grandes Écoles doivent être rapprochées. Elles ont, en effet, de nombreux points communs.

Le recrutement des élèves s'y fait de trois façons différentes :

a) Par l'École Polytechnique, qui y envoie les futurs ingénieurs des corps des Mines et des Ponts ;

b) Et d'assez nombreux élèves qui, ayant renoncé aux carrières ouvertes par leur rang de sortie, viennent y chercher le bagage technique nécessaire à leur entrée dans l'industrie ;

c) Par un concours spécial d'entrée (200 candidats pour 60 places à l'École des Mines, pour 15 places à l'École des Ponts) sur programme des mathématiques spéciales; ce concours conduit à une première année d'école pendant laquelle on acquiert les connaissances théoriques indispensables aux études qui doivent suivre.

D'ailleurs à la sortie de cette première année a lieu un examen éliminatoire. La limite d'âge pour l'entrée est de 18 à 20 ans (21 avant 1914). La durée des études est de trois années (quatre avant 1914), excepté pour les élèves sortant de l'École Polytechnique qui entrent de suite en seconde année.

L'enseignement est entièrement le même pour tous les élèves. A l'École des Mines, il prépare surtout aux chemins de fer, aux mines et à la métallurgie.

A l'École des Ponts et Chaussées, il s'applique spécialement aux travaux publics et aux chemins de fer.

Nous attirons tout spécialement l'attention sur les transformations très importantes qui viennent d'être faites dans ces deux écoles. Suivant l'exemple de l'École Polytechnique, elles ont abaissé la limite d'âge supérieure à 20 ans. Elles ont ramené de quatre à trois ans les études. A l'École des Mines, notamment, le nombre des leçons qui étaient de 836 a été diminué de 86 : la réduction a porté principalement sur la chimie analytique, la paléontologie, la minéralogie, la pétrographie et la topographie. Le tableau suivant donne d'ailleurs la répartition actuelle des heures de travail :

1° *A l'École des Mines* :

	Cours	Dessins et projets	Laboratoires	Divers
	Heures	Heures	Heures	Heures
Première année....	379 1/2	252	150	75
Deuxième année	358 1/2	308	156	146
Troisième année...........	287	136	182	62

Les heures diverses correspondent à l'enseignement des langues vivantes et à des travaux pratiques de sciences naturelles.

2° *A l'École des Ponts et Chaussées* :

	Cours	Dessins et projets	Travaux pratiques	Chantiers
	Heures	Heures	Heures	Heures
Première année.............	366	367	15	18
Deuxième année.........	327	326	43	40
Troisième année.........	360	323	29	15

Les stages d'usines et de mines sont très développés à l'École Supérieure des Mines ; un voyage d'étude est obligatoire après les deux premières années d'étude.

Nous avons cru devoir insister spécialement sur les importants changements survenus dans l'organisation de ces deux grandes écoles dont on ne saurait trop estimer les services rendus au pays.

École Nationale des Mines de Saint-Étienne.

Située dans un des centres miniers et métallurgiques les plus importants de France, cette École a toujours eu une influence très marquée sur ces deux industries et nombreux sont ses anciens élèves qui sont actuellement à la tête d'importantes usines et exploitations.

Fondée le 2 août 1816, elle devait avec l'École Supérieure des Mines de Paris remplacer Geislautern et Pesey perdues par les traités de 1814 et 1815 et elle conserva jusqu'en 1882 son titre d'École des Mineurs. En 1806, elle devint l'École Nationale des Mines de Saint-Étienne.

Les élèves sont recrutés par voie de concours, sur un programme qui rappelle beaucoup celui de l'École Centrale (épreuves de dessins beaucoup moins importants). Le nombre des candidats a varié durant ces dernières années entre 154 (1911) et 190 (1910), les promotions sont de 35 à 37 élèves.

L'une des caractéristiques de l'École de Saint-Étienne se trouve dans ses professeurs qui appartiennent entièrement au corps des Ingénieurs des Mines et dont quelques-uns sont appelés à ces postes dès le début de leur carrière. Le nombre des professeurs n'est que de sept — et cela depuis 1910 seulement — ce qui oblige évidemment un même ingénieur à professer des cours très divers; ainsi au programme de 1911-1912, la même personne enseigne la mécanique appliquée (40 leçons), la statistique minière et métallurgique (20 leçons) et les chemins de fer (15 leçons) soit un total de 75 leçons par an (chaque leçon étant de deux heures), d'un autre côté on trouve au compte d'un même professeur : 18 leçons de métallurgie générale, 37 leçons de sidérurgie, 20 leçons des autres métallurgies et 15 leçons de chimie industrielle, soit 90 leçons annuelles, de deux heures chacune. C'est là évidemment une somme de travail que l'on ne demande dans aucune autre École.

En première année, le nombre d'heures de cours est de 350, consacrées aux sciences pures : analyse mathématique, mécanique rationnelle, physique, chimie générale et analytique (en plus 50 heures de conférences de langues étrangères).

La seconde année comporte 200 leçons, soit environ 400 heures de cours relatives principalement à l'exploitation des mines, la sidérurgie et la mécanique appliquée (en plus 30 heures de conférences de langues étrangères).

Enfin 275 heures de cours sont faites en troisième année; elles ont plus spécialement trait aux métallurgies autres que la sidérurgie, à l'électricité, aux chemins de fers et aux cours d'économie politique et de législation. La totalité des leçons est donc de 1.110 heures. Les manipulations et travaux pratiques comportent en première et deuxième années 180 heures et en troisième année 40 heures.

Les travaux graphiques et projets réclament 260 heures environ pendant chaque année (1).

(1) En nous donnant ces chiffres, M. Friedel, directeur de l'École des Mines de Saint-Étienne, nous fait remarquer que ces nombres d'heures ont trait aux travaux obligatoires, mais qu'en réalité les élèves consacrent beaucoup de temps aux travaux pratiques et projets en dehors de ces temps.

En somme, l'enseignement est assez spécialisé, bien que commun à tous les élèves, à quelques exercices près (et cela depuis quelques années seulement). On sait d'ailleurs que les débouchés de l'École des Mines de Saint-Étienne se trouvent surtout dans les mines. Une statistique établie en 1905 montrait qu'à ce moment là 62 °/ₒ des ingénieurs et directeurs des houillères françaises sortaient de cette école. En 1910, une autre statistique montrait que 69 °/ₒ des anciens élèves étaient mineurs, 13 °/ₒ métallurgistes et 18 °/ₒ dans des industries diverses.

Les Écoles des Arts et Métiers.

Les Écoles des Arts et Métiers forment en France la base même de l'enseignement technique secondaire. Elles jouent cependant un rôle trop important dans notre industrie, un nombre trop élevé des leurs sont à la tête d'usines ou d'affaires de premier ordre, pour que nous ne devions en parler ici; d'ailleurs des modifications récentes semblent bien devoir rapprocher ces Écoles du haut enseignement technique, non seulement par le titre d'ingénieur, qu'elles confèrent, mais aussi par la création d'enseignements plus complets.

Les Écoles des Arts et Métiers ont pour objet, dit le décret du 12 janvier 1912, de former des chefs d'ateliers, des ingénieurs et des industriels versés dans la pratique des arts mécaniques. Ces écoles sont au nombre de six; elles sont situées à Aix (Bouches-du-Rhône), Angers, Châlons-sur-Marne, Lille, Cluny (Saône-et-Loire) et Paris.

Le recrutement se fait par voie de concours, sur programme spécial, correspondant sensiblement, au point de vue sciences, au programme du baccalauréat avec des épreuves de dessin et de travail manuel. Les limites d'âge sont de 15 à 18 ans.

La durée des études est de trois années. Cependant, l'École de Paris, tout récemment fondée, devait comprendre à partir de 1915, une quatrième année facultative ouverte aux élèves diplômés de toutes ces Écoles. C'était en somme pour eux la possibilité de se perfectionner.

On sait que le régime des Écoles d'Arts et Métiers est l'internat, sauf à Paris. L'enseignement est théorique et surtout pratique. Les heures consacrées aux travaux sont très importantes (5 h. 1/2 par jour à l'atelier, 1 h. 1/2 de dessin, 1 h. 1/2 de cours); les ateliers sont divisés en quatre branches : menuiserie et modèles, fonderie, forge, ajustage (à Cluny, chaudronnerie). L'enseignement pratique est donné à l'atelier par des conférences de technologie suivies immédiatement d'application.

Les Instituts divers et les Écoles libres.

Il me serait absolument impossible de passer en revue tous les Instituts et toutes les Écoles indépendantes qui touchent à notre enseignement technique. Nous nous bornerons donc à étudier quelques types, avec l'Institut de Nancy, l'École de Physique et de Chimie industrielle, l'Institut industriel du Nord, l'École Supérieure d'électricité, l'École des Travaux publics.

LES INSTITUTS UNIVERSITAIRES : L'INSTITUT CHIMIQUE DE NANCY; L'INSTITUT POLYTECHNIQUE DE GRENOBLE. — Les Instituts assez nombreux, qui ont été créés près des universités et dont certaines personnes semblent ignorer l'existence, ont à peu près tous le même fonctionnement, à l'exception de certaines créations, telles que celle de Montpellier qui a un but plus restreint.

En général, le recrutement se fait soit sur simple diplôme de bachelier, soit sur examen d'entrée, démontrant que l'on est apte à suivre l'enseignement. La porte est donc largement ouverte. L'enseignement dure trois ans; il comporte deux parties distinctes : l'une purement théorique, constituée par les cours de la Faculté; les autres d'ordre pratique et dont la valeur paraît très différente d'un endroit à l'autre.

Dans certaines Universités, spécialement à Nancy, on tend très nettement à confier les cours techniques à des ingénieurs, occupant des situations industrielles, sans se préoccuper des titres exigés pour le professorat de l'enseignement supérieur.

Dans ces instituts, on cherche aussi à donner un développement très considérable aux manipulations et travaux de laboratoire et cela ne se limite pas aux exercices chimiques.

En général, les Instituts chimiques font exécuter en première année la préparation des produits minéraux et l'analyse qualitative élémentaire. En seconde année, les compléments d'analyse qualitative et l'analyse quantitative se rapportant à la chimie minérale. Parfois l'analyse électrolytique, si importante pour l'industrie, est reportée à la troisième année.

Celle-ci, en tous cas, comporte l'analyse des produits organiques et les manipulations relatives aux principales industries étudiées. Le plus souvent, les deux tiers du temps sont consacrés aux travaux pratiques et un tiers à l'enseignement.

Voici maintenant quelques détails sur les deux plus importants centres universitaires d'enseignement technique supérieur. L'Institut chimique de Nancy fut fondé, en 1889, sur l'inspiration de M. Haller, avec notamment le puissant concours du grand industriel Ernest Solvay; en 1897 y fut ajouté l'Institut d'électrochimie.

L'Institut électrotechnique situé dans la même ville est l'œuvre de Bichat. Les cours commencèrent dès 1896, les laboratoires fonctionnèrent en 1900. A la mort de Bichat, M. Vogt, son successeur, voulut doter l'Université de Nancy d'un Institut de mécanique appliquée et créa des laboratoires très importants qui furent ouverts en 1906.

Voici d'ailleurs les résultats obtenus par les Instituts de Nancy :

Ingénieurs chimistes : au total 480 depuis 1890.
Ingénieurs électriciens : au total 375 depuis 1900.
Ingénieurs mécaniciens : au total 101 depuis 1906.

A l'Institut de Chimie, le partage des heures de travail est le suivant :

	Cours	Travaux pratiques
1re année	240 heures	810 heures
2e année	270 heures	810 heures
3e année	270 heures	870 heures

L'Institut Polytechnique de l'Université de Grenoble mérite d'attirer toute l'attention de ceux qui s'occupent de l'enseignement technique supérieur : dès 1892, la Ville et la Chambre de commerce de Grenoble demandaient et obtenaient la création d'un cours municipal d'électricité industrielle. En 1898 le succès de cet enseignement conduisit à la fondation de l'Institut électrotechnique, qui ne cessa de se développer, et à l'heure actuelle l'Institut Polytechnique de l'Université de Grenoble comprend :

1° Une École supérieure électrotechnique formant des ingénieurs électriciens, électrométallurgistes et électrochimistes ;

2° Une École élémentaire électrotechnique formant des contremaîtres, chefs-monteurs, conducteurs-électriciens ;

3° Un bureau d'essais électriques, mécaniques et d'étalonnages industriels ;

4° Une École supérieure de papeterie produisant des ingénieurs spécialisés ;

5° Un laboratoire d'analyses et d'essais des papiers.

A ces organismes sont adjoints une station d'essais électrométallurgiques et électrochimique et une usine d'application d'environ 1.000 chvx.

Pour l'École supérieure électrotechnique le recrutement s'opère sur programme d'admission à l'École centrale ; la durée des études est de deux années. Mais une section spéciale reçoit directement les élèves diplômés des grandes Écoles de France et de l'étranger ; la durée des études est d'une année.

Enfin un cours préparatoire permet aux jeunes gens de se préparer à l'École.

Voici quel était en 1912-1913 le nombre des jeunes gens fréquentant cet Institut ;

École supérieure électrotechnique	Préparatoire	71
	Supérieure	128
	Spéciale	74
École élémentaire électrotechnique		56
École de papeterie		39
Totaux des élèves réguliers		368
Auditeurs libres		199

Le tableau suivant donne la répartition des heures de travail pour l'École supérieure d'électricité (en heures).

	Préparatoire	1re année	2e année	Section spéciale
Cours	704	384	480	544
Travaux pratiques	672	544	480	672

L'École de Physique et de Chimie de la Ville de Paris.

Cette École a été le prototype de tous les Instituts de chimie et de physique qui ont été créés en France près des Universités. C'est à la suite de l'Exposition de 1878 que le regretté Charles Lauth attira l'attention du pays sur l'influence de l'enseignement technique sur l'industrie allemande et le péril que courait déjà l'industrie française.

Alors fut décidée la création d'une École destinée à produire des physiciens et chimistes industriels. Fondée par le conseil municipal de Paris, elle fut ouverte en 1882 et eut comme premier directeur le grand chimiste Schutzemberger. A sa mort, Charles Lauth lui succéda.

Ses promotions sont de 35 élèves environ, prélevés par voie de concours. Le nombre des concurrents a beaucoup varié durant ces dernières années, sans doute sous l'influence de la nouvelle loi militaire. Il était avant la guerre de 60 environ. Les candidats sortent surtout des Écoles primaires supérieures.

La durée des études est de trois années, les élèves sont divisés en chimistes et physiciens au milieu de la deuxième année. Certains travaux-conférences diffèrent en troisième année. Chaque jour comporte généralement trois heures de cours, parfois quatre heures et demie, avec une répartition assez différente de celle des autres écoles (une heure et demie le matin; une heure et demie le soir, à partir de 4 heures 1/2). Le dessin et les travaux pratiques occupent le reste du temps soit environ quatre heures et demie par jour.

Le budget annuel de l'école dépasse 300.000 francs (pour 100 à 105 élèves et une trentaine de diplômes); sa reconstruction est en cours d'exécution et a déjà demandé plusieurs millions.

Depuis quelques années, l'orientation de l'École de Physique et de Chimie industrielles est devenue un peu plus théorique et l'on y consacre plus de temps à l'enseignement des sciences pures.

L'Institut Industriel du Nord de la France.

C'est une École fort ancienne, puisqu'elle date de 1858 et, sans doute, la première École libre créée après l'École centrale. Elle recrute ses élèves sur présentation du baccalauréat (B et D) ou après concours sur programme correspondant à ce diplôme au point de vue sciences. Une École préparatoire admet les bacheliers ès-lettres A ou C ou ceux qui satisfont à un autre concours dont le programme comprend la partie scientifique de ce baccalauréat.

Les cours de l'École préparatoire durent une année, ceux de l'Institut proprement dit trois ans. Le siège étant à Lille, l'enseignement est donné par les professeurs de la Faculté et les cours correspondent au programme des certificats d'étude supérieure, le cours de mathématiques fait en première année, notamment, étant celui du certificat des mathématiques générales. L'enseignement industriel est donné par des ingénieurs provenant des Écoles les plus diverses.

Au début de la seconde année, les élèves sont divisés en trois spécialités : électriciens, mécaniciens, chimistes. Point spécial à noter, tous les élèves sans distinction du diplôme cherché, suivent les cours de métallurgie. Les travaux pratiques sont fort développés ; ils sont placés, la plupart du temps, sous la direction des professeurs chargés des cours pratiques.

L'élimination réelle se fait pendant le séjour à l'école. En général, les promotions sont de 140 à 150 en première année et le nombre des diplômes varie de 20 à 50. On doit ajouter que cette école n'a de régional que le nom et elle compte de très nombreux élèves dans toutes les parties de la France et dans ses colonies. Je me plais spécialement à rappeler qu'un ancien président de notre société, M. Du Bousquet, ingénieur à la Compagnie du Nord, a dirigé l'Institut industriel du Nord pendant un certain nombre d'années et lui a donné une vie très active.

L'Ecole supérieure d'Électricité.

Fondée par la Société des Électriciens et sur les indications de Mascart, elle a été la première École de grande spécialisation. On sait toute l'importance qu'elle a prise sous l'éminente direction de M. Janet. Elle reçoit ses élèves — une centaine environ — de deux sources différentes : les grandes écoles qui lui envoient ceux qui veulent se parfaire dans l'électrotechnique et un concours dont le programme comprend une partie scientifique du niveau du certificat d'études supérieures de physique et une partie industrielle comprenant surtout la mécanique appliquée et la résistance des matériaux. La durée des études est d'un an. L'enseignement comprend un cours d'électro-technique fait par M. Janet, un cours de mesures et des séries de cours secondaires ou conférences confiées à des spécialistes, la plupart industriels en renom. Les manipulations occupent une place prépondérante. A ce point de vue, l'Ecole supérieure d'Électricité doit être donnée comme modèle de l'organisation de l'enseignement spécialisé, puisqu'elle comprend un cours magistral, autour duquel gravite une série d'enseignements entièrement confiés à des praticiens émérites.

Le tableau suivant donne d'ailleurs la répartition des heures de travail

Cours	320 heures	représentant	30 0/0	du temps de séjour à l'École.
Travaux pratiques	530 heures	—	49 0/0	—
Projets	210 heures	—	21 0/0	—

L'École spéciale des Travaux publics.

Cette École n'a aucun lien avec l'Université et n'est rattachée à aucun département ministériel.

C'est vraiment le type moderne de l'École libre; aussi croyons-nous devoir insister sur son fonctionnement. Fondée en 1891, elle a d'abord préparé aux examens et concours des conducteurs des ponts et chaussées, contrôleurs des mines, etc. En 1901, elle s'occupa de former des ingénieurs de travaux publics, puis des ingénieurs-architectes et des ingénieurs-topographes, enfin, récemment, des ingénieurs-électriciens.

Actuellement, l'École Spéciale des Travaux publics comporte deux établissements ; l'un situé à Paris où se fait l'enseignement, l'autre à Arcueil-Cachan où ont lieu les nombreux travaux d'ateliers et de construction, de laboratoire, etc. Cette double organisation doit spécialement attirer l'attention ; il est bien probable que nos grandes Écoles devront envisager un jour semblables solutions. Enfin, imitant les écoles anglaises et américaines, on a créé à Arcueil une maison de famille.

Le recrutement de l'École se fait par voie d'examen, sur programme à peu près équivalent à celui de l'École Centrale ; mais il y a une année préparatoire largement ouverte.

Les caractéristiques se trouvent d'une part dans la spécialisation très nette et dans le développement des travaux pratiques et, d'autre part, dans la possibilité d'un enseignement par correspondance.

La durée des études est de trois années pour les travaux publics, deux années pour les autres spécialités (ingénieurs-architectes, ingénieurs-électriciens).

Un stage d'usine ou de chantier est absolument exigé.

Le nombre des élèves suivant les cours réguliers était, avant la guerre, de 480.

L'enseignement par correspondance a rendu de réels services, puisqu'en 1913 il était suivi par 14.000 élèves. Cet enseignement comprend non seulement l'envoi de livres autographiés, mais aussi l'obligation de faire des exercices écrits, qui sont corrigés et tiennent l'élève en haleine.

Incontestablement l'École spéciale des Travaux publics, créée et dirigée par M. Eyrolles, a puissamment aidé à la formation des ingénieurs pour certaines branches de l'industrie.

Résumé de l'état actuel de l'enseignement technique supérieur en France.

En résumé, l'enseignement technique supérieur français est constitué par :

1° Un établissement de haut enseignement industriel, ouvert à tous : le Conservatoire national des Arts et Métiers.

2° Les grandes Écoles qui puisent, par voie de concours, les élèves dans les classes de mathématiques spéciales; ce sont, par ordre alphabétique :

L'École Centrale des Arts et Manufactures.
L'École supérieure des Mines.
L'École des Mines de Saint-Étienne.
L'École des Ponts et Chaussées.

Ces Écoles fournissent chaque année environ 320 à 350 ingénieurs; la plupart non spécialisés.

3° Les Instituts rattachés aux Universités, tels que ceux de Nancy, Lyon, Toulouse, Grenoble, Paris, etc., lesquels font des spécialistes, surtout des chimistes et des électriciens, au nombre de 180 à 200 par an environ.

4° Les Écoles libres, École supérieure d'Electricité, École des Travaux publics, qui forment environ 300 ingénieurs chaque année. Mais il en est un certain nombre, environ 50, venant des grandes Écoles.

On voit donc que l'enseignement technique supérieur de France fournit environ 800 ingénieurs.

Mais le point sur lequel je dois le plus insister est le suivant : les élèves sortant des grandes Écoles, c'est-à-dire ceux qui proviennent des classes de mathématiques spéciales, entrent dans l'industrie vers 25 ou 27 ans. En effet, actuellement ils font deux ou trois ans de mathématiques spéciales, trois années d'école et trois ans de service militaire. C'est donc seulement huit à neuf ans après le baccalauréat soit de 25 à 27 ans qu'ils franchissent le seuil de l'usine.

Les élèves des Instituts font trois à quatre années d'études aussitôt le baccalauréat conquis; soumis à la même loi militaire, ils ont le pied à l'étrier dès 23 à 24 ans.

Nous discuterons plus loin l'avenir que peuvent espérer les uns et les autres et à quels besoins correspondent ces formations diverses.

L'Enseignement technique supérieur en Allemagne.

Pendant fort longtemps, l'enseignement technique supérieur de l'Allemagne a été regardé comme question très secondaire ; ce n'est qu'au lendemain de la guerre de 1870 que l'essor industriel fit se préoccuper de cette importante question. La Société des Ingénieurs civils joua dans ce développement des grandes Écoles un rôle primordial. C'est notamment sur les instances de cette grande société que les écoles techniques — trop souvent confondues avec l'Université — furent autorisées par l'Empereur en 1899 à délivrer le diplôme de docteur-ingénieur. Un professeur de chaque université technique prussienne occupe un siège à l'Herrohhaus. Actuellement, il existe en Allemagne dix *Hoschulen*, écoles techniques supérieures (1) qui forment des ingénieurs pour les différentes branches de l'industrie. De plus on compte trois *Bergakademien* lesquelles ne forment que des ingénieurs pour les industries minières et métallurgiques; elles sont situées à Berlin, Clausthal et Freiberg. Si nous envisageons toujours l'organisation aux trois points de vue : recrutement, enseignement, rendement industriel, on peut résumer ce que nous savons de l'enseignement technique allemand de la façon suivante :

Recrutement. — Aucun concours n'ouvre les portes des écoles allemandes ; le seul titre exigé est le *certificat de maturité*, lequel est délivré par les lycées ou les écoles industrielles et correspond sensiblement à notre baccalauréat ou à notre brevet supérieur. On voudra donc bien noter que les élèves de l'enseignement primaire peuvent avoir accès dans ces écoles.

Les élèves entrent donc à l'école à 17 ans. Nous verrons qu'ils entrent dans l'industrie à 22 ou 23 ans.

Enseignement. — On peut caractériser l'enseignement donné par les Hoschulen en quatre points :

a) L'enseignement est complètement libre, c'est-à-dire que les étudiants suivent les cours qui leur plaisent sans aucun contrôle, sans aucune contrainte. Ceci peut paraître bizarre chez un peuple où la discipline tend à tout rendre automatique. Cette liberté est telle que très fréquemment les études commencées à un endroit, se poursuivent en un autre centre, les élèves allant près des professeurs les plus réputés pour chaque matière.

b) L'enseignement comprend quatre années dont deux de science pure, avec de nombreuses heures de laboratoire et quelques cours industriels, les autres entièrement de technique industrielle; les deux premières sont déjà spécialisées, les deux dernières *le sont à outrance*. Qu'on me permette à ce sujet quelque précision : dans les Instituts métallurgiques et miniers on distingue quatre diplômes : sidérurgie, autres métallurgies, exploitations des mines, topographie minière. Un examen de passage a lieu après les deux dernières années.

(1) Ce sont : Charlottenburg près de Berlin, Munich, Carlsruhe, Darmstadt, Hanovre, Stuttgart, Dresde, Aix-la-Chapelle Brunswig, Dantzig.

Peut-être est-il bon d'ajouter ce qu'il faut entendre par année d'étude : elle comprend un premier temps de fin octobre à mars, suivi d'un congé d'un mois environ et d'un second temps allant de fin avril à fin juillet soit au total huit mois.

Voici, d'autre part, le nombre de leçons de mathématiques (mathématiques supérieures, descriptive) et de mécanique, suivant les spécialités dans les deux premières années. Mécanique, 606; Mines, 468; Topographie minière; 528, Métallurgie, 358; Chimie, 0.

Ceci démontre bien cette spécialisation à outrance caractéristique de l'enseignement allemand.

c) Tout élève doit faire un stage industriel d'au moins douze mois et cela dans la spécialité qu'il a choisie.

d) L'enseignement pratique donné dans les laboratoires a pris en Allemagne un développement considérable. En général les Hoschulen sont constitués par une série d'Instituts enseignant chacun une spécialité; très souvent fort éloignés les uns des autres. Chaque Institut est autonome et est dirigé par l'un des professeurs; il possède des amphithéâtres, ses salles de dessin et ses laboratoires. Il existe même une certaine rivalité d'Institut à Institut, chacun rêvant d'être installé de façon plus moderne que son voisin. L'Institut métallurgique d'Aix-la-Chapelle qui est l'un des plus récents et des plus remarquables a coûté près de deux millions. Cet argent a été versé en presque totalité par les industriels, notamment par la maison Krupp. On peut même se demander si le placement de tels capitaux a un bon rendement. En effet, le nombre d'ingénieurs sortant chaque année d'Aix-la-Chapelle atteint à peine trente.

On peut ajouter que l'École de Dresde a dépensé 6.850.000 fr. pour s'agrandir; celle de Darmstadt 7.650.000 fr.; celle de Dantzig 5.600.000 fr. (1).

e) Le choix des professeurs se fait d'après la notoriété de leurs travaux ou de leur situation industrielle; ils occupent incontestablement une situation morale très haute. La rémunération se fait d'une part par traitement fixe et par versement d'une partie des droits d'inscription à un cours et aux travaux pratiques. Il n'est point rare de trouver des traitements de 25 à 30.000 fr. De plus, tous les Instituts ont bien soin d'encourager leurs professeurs à continuer leurs occupations industrielles (2).

f) Les professeurs sont toujours aidés d'une part par les privat-docent; d'autre part par les auxiliaires. Ceux-ci sont des anciens élèves diplômés continuellement en contact avec les élèves; les privat-docent complètent l'enseignement des titulaires des chaires; ils ne sont rémunérés que par les inscriptions à leur cours.

g) Le diplôme qui couronne les études est donné après un examen qui n'est point passé à date fixe, mais à une époque que l'élève choisit.

(1) André Pelletan, *Les Écoles Techniques allemandes* (*Revue de Métallurgie*, 1906, p. 589).

(2) On ne verrait point se passer en Allemagne ce qui a eu lieu dans l'un de nos plus importants établissements d'enseignement technique supérieur, il y a quelque quinze ans; on a posé comme condition à un candidat à une chaire de technologie industrielle d'abandonner toute situation d'ingénieur-conseil. Le candidat a accepté et a été nommé.

De plus, les écoles techniques donnent un grade supérieur : celui de docteur-ingénieur qui n'est obtenu que sur présentation d'une thèse, renfermant des résultats nouveaux provenant de recherches personnelles ; elle est généralement de bien minime importance.

On sait que c'est sur l'intervention même de l'empereur et après des démarches de la Société des Ingénieurs civils que les Hoschulen ont pu accorder le titre de docteur jusqu'alors réservé aux Universités.

b) L'étudiant allemand entre à la Hoschule vers 17 ans. Il y passe quatre années ; il fait un stage d'usine d'une année et doit effectuer au plus une année de service militaire. Il peut même gagner une année d'étude, en rapprochant ses examens.

Il entre donc dans l'industrie à 22 ou 23 ans.

A noter que dans les Universités allemandes, le nombre des leçons est, au total, pour les quatre années d'environ 1.100 à 1.800 (en heures), suivant les spécialités, tandis que l'on consacre 2.000 à 3.000 heures aux travaux pratiques.

Rendement industriel. — A sa sortie de l'école, l'ingénieur diplômé entre dans l'industrie à la petite place. Il la garde souvent pendant de longues années. C'est là un point sur lequel il me semble que l'on n'a pas assez insisté. Bien au contraire, on a fait ressortir que l'ingénieur chimiste ou autre était fortement intéressé dans toutes les découvertes ou même dans les progrès dont il était l'auteur. Il apparaît, au contraire, que la situation d'ingénieur allemand n'est pas aussi enviable et que là, encore la loi de l'offre et de la demande qui régit toute question économique intervient avec une vigueur extrême. Je n'en veux pour témoin que les plaintes réitérées des intéressés ; vers 1905, les ingénieurs sans situation ont créé une Association pour la défense de leurs intérêts et qui a reçu le nom d'*Union des employés techniciens et industriels* ; elle a signalé, notamment, que leurs appointements allaient sans cesse en diminuant et que leur avenir devenait moins brillant que celui de contremaître. M. Blondel a indiqué en 1907 qu'il y avait en Allemagne 50.000 places pour des techniciens... Or, il y a plus de 16.000 étudiants dans ces hautes écoles techniques et l'on peut estimer à plus de 4.000 les diplômes d'ingénieurs donnés par an par les Hoschulen et les Bergakademien. Il est certain que la situation de l'ingénieur en Allemagne le met dans une position sociale très spéciale et je ne vois pas nos diplômés d'Instituts envisager semblable avenir. Il est, par exemple, avéré que nombreux sont les ménages d'ingénieurs dans lesquels l'épouse doit se livrer, seule, à l'entretien intérieur. Je me permets d'insister sur ce point sur lequel il me faudra revenir plus loin : la situation sociale de l'ingénieur allemand.

En résumé, l'enseignement technique supérieur en Allemagne est caractérisé :

1° Par son libre recrutement ;

2° Par une absence complète de discipline et d'obligations scolaires ;

3° Par une spécialisation qui, très nette dès les deux premières années théoriques, est poussé à l'extrême, dans les deux années technologiques.

4° Par l'importance donnée aux stages d'usine et aux travaux de laboratoire ;

5° Par l'entrée des ingénieurs allemands dans l'industrie de 22 à 24 ans.

6° Par le nombre considérable de diplômes donnés chaque année (plus de 4.000 semble-t-il) ce qui n'est point sans créer une situation peu enviable chez beaucoup de titulaires.

Avant de terminer ce qui a trait au haut enseignement technique allemand, il nous paraît utile d'insister encore sur deux points :

Entre l'absence de discipline à l'école et la discipline que s'impose volontairement l'étudiant hors de l'école, il y a une différence considérable. Tout le monde connaît l'importance des associations créées autour des Hoschulen et les réunions qu'elles comportent. Il m'a été donné d'y assister et d'être profondément frappé par ces interminables « beuveries », où les étudiants, fumant et gardant le silence, boivent au commandement de leur Président, et je ne parle pas des duels à la rapière qui laissent sur les visages des traces dont beaucoup s'honorent. Combien je préfère l'esprit — parfois un peu gaulois — de nos élèves, leurs boutades et leurs farces, à ces plaisirs réglementés et barbares des étudiants allemands, bien caractéristiques, d'ailleurs, de la race.

Je ne crois pas non plus inutile d'indiquer ici — en évitant d'ailleurs toute discussion — la façon dont les ingénieurs des corps officiels sont nommés. Aucune École n'a la prérogative de les former. Les nominations se font après examens, stages, épreuves, constituant un véritable concours ; l'ensemble des dispositions est régi par des ordonnances ministérielles du 18 septembre 1897 et 1er février 1903 (1). Le concours est ouvert à tous ; il n'est même pas nécessaire d'être diplômé d'une École technique ; il suffit d'établir que l'on a suivi pendant un an, les cours d'une université ! Il nous a paru, particulièrement intéressant de signaler cette façon d'opérer dans une nation où l'étatisme est poussé si loin.

L'Enseignement technique supérieur en Belgique.

A la tête du haut enseignement technique belge se trouvent :

L'École de Liège,

L'École de la province du Hainaut à Mons,

L'École Polytechnique de Bruxelles,

L'École de Louvain.

Notons de suite que, dès 1825, l'Université de Liège créa un enseignement destiné à fournir des ingénieurs à l'État et à l'industrie. On y enseigna de suite l'exploitation des mines. Successivement l'École des Mines ainsi créée fut complétée en 1836 par une section de chimie ; en 1843 par une section de mécanique et en 1883 par la section d'électricité connue dans le monde entier

(1) Aguillon, *Revue de Métallurgie*, 1907, Mémoires, p. 480.

sous le nom d'Institut Montefiore (1) dont l'éminent directeur, M. Eric Gérard, vient de mourir à Paris. En 1893, l'ensemble de tous ces enseignements fut groupé et constitua, à côté des Facultés des Lettres, des Sciences, etc... une Faculté technique. Elle est, bien entendu, sous la gouverne de l'État.

L'École de Mons appartient à la province du Hainaut. Elle fut fondée en 1837.

Voyons les caractéristiques de l'enseignement :

RECRUTEMENT. — Le recrutement ne se fait pas par voie de concours, mais bien par un examen, prouvant que l'élève est susceptible de suivre l'enseignement. Le nombre des élèves n'est donc pas limité. La qualité, évidemment, s'en ressent. Toutefois, le triage se fait, comme nous allons l'indiquer, au cours même de l'enseignement et il n'est pas certain que cela ne constitue une bien meilleure méthode d'élimination, que le concours d'entrée. Nous discuterons cette question en nous y attardant dans la seconde partie de cette conférence.

En résumé, l'École belge est toute grande ouverte au début, elle se ferme graduellement.

ENSEIGNEMENT. — La durée de l'enseignement est de cinq années : deux années théoriques faites à la Faculté des Sciences, trois années de science industrielle faites à la Faculté technique. Les principales subdivisions sont : ingénieur des mines, ingénieur-mécanicien, ingénieur-électricien, ingénieur-chimiste et enfin ingénieur-chimiste-électricien.

Des combinaisons existent permettant d'obtenir plusieurs diplômes. Ceci indique déjà qu'à la Faculté technique l'enseignement est spécialisé.

A l'École de Mons, pendant fort longtemps, aucune spécialisation n'existait. Mais vers 1902, on crut nécessaire de s'orienter vers la spécialisation et l'on fut ainsi conduit à créer une cinquième année pour certaines spécialités.

Les élèves, dans toutes les Écoles belges, sont très surveillés ; ils ont l'obligation absolue de suivre les cours, manipulations et travaux et n'ont nullement la liberté qui constitue l'une des caractéristiques de l'enseignement allemand.

Des examens annuels permettent de passer d'une année à l'autre, sans quoi on redouble. Cette mesure n'est pas vaine, puisqu'à Liège elle atteint souvent 50 % des élèves entre l'entrée et la sortie.

Les travaux pratiques et les visites d'usines sont extrêmement développés.

Un point à noter : nous avons dit que, contrairement à ce qui se passe en Allemagne, l'étudiant belge est obligé à une discipline très précise ; cependant elle ne ressemble point à celle de nos Écoles. C'est ainsi qu'à Liège existent des interrogations régulières ; les élèves peuvent, dès le début de l'année scolaire, en demander la dispense, qui leur est toujours accordée ; bien entendu, les examens de fin d'année subsistent toujours.

(1) Cet Institut a coûté 1.500.000 francs.

En résumé, dans l'enseignement technique supérieur belge :

Recrutement très large.

Élimination très importante au cours des études ;

Enseignement spécialisé;

Discipline sévère, mais avec une certaine latitude dans les examens.

On sait que la Belgique a été le siège des deux grands congrès de l'enseignement technique, l'un tenu à Mons en 1905, l'autre à Bruxelles en 1910. — Qu'il me soit permis d'envoyer ici une pieuse pensée à l'un des grands industriels de Belgique, qui a eu, avec son frère la plus heureuse influence dans ces grandes réunions internationales, à M. Greiner, l'éminent directeur des établissements Cockerill, mort pendant l'occupation allemande, dans son château de Seraing, annexe de ses usines.

L'Enseignement technique supérieur en Suisse.

Deux écoles constituent les centres de l'enseignement technique supérieur en Suisse:

La Polytechnicum de Zurich, qui forme des ingénieurs de toutes les nations.

L'École de Lausanne, qui est rattachée à l'Université de cette ville et a une importance moindre.

L'École polytechnique fédérale de Zurich fut fondée en 1855; elle est le protopyte des écoles techniques à l'étranger et a servi certainement de modèle aux Hoschulen; les chiffres suivants montrent le succès extraordinaire qu'elle a rencontré. La première année de son fonctionnement, elle compta 71 élèves, 231 auditeurs libres ; pendant l'année 1899-1900, elle eut plus de 1.000 élèves, et, en 1905, au cinquantenaire de sa fondation, elle pouvait annoncer le chiffre étonnant de 2.031 étudiants, dont 33 français, 46 allemands, 118 austro-hongrois, 81 russes. — Depuis 1905, ce chiffre des élèves s'est maintenu constant, mais le nombre des étudiants français a dépassé 75.

L'entrée de l'école est largement ouverte : tous les diplômes semblables au baccalauréat -- sections sciences — exemptent de l'examen. L'enseignement y est très spécialisé à partir de la deuxième année. En première année les cours tous théoriques, sont suivis par tous les élèves. Ils sont faits en français et en allemand. Chaque jour, il y a dans la matinée 1 h. 1/2 de cours minimum, 3 heures maximum. Les après-midi sont entièrement consacrées aux travaux pratiques. On compte onze sections : Architecture, Génie civil, Mécanique, Chimie, Pharmacie, Forêts, Agriculture, Enseignement de mathématiques et de physique, Enseignement des sciences militaires, École militaire, Section de culture générale (A) Philosophie et Sciences politiques (B) Mathématiques, Sciences naturelles). Les cours, au nombre de soixante, sont faits en allemand, français et italien. Douze sont professés dans notre langue. Au bout de deux années d'études, on passe un examen éliminatoire qui donne droit à un diplôme intermédiaire. Après un an et demi ou deux ans de nouvelles études, on peut obtenir le diplôme final ; le nombre en est très variable avec les spécialités. La liberté des élèves est très grande ; il n'existe aucun contrôle de présence.

Le succès de cette grande école est dû assurément à l'excellence de son corps enseignant, aux installations si modernes de ses grands laboratoires et enfin à la très juste réputation de ses diplômes répandus dans tous les pays.

L'Enseignement technique supérieur en Angleterre.

On sait que, durant de longues années, l'Angleterre a été complètement dépourvue de haut enseignement technique ; les ingénieurs se formaient, pour la plupart, dans les usines, passant de service en service, d'atelier en atelier. Seules, existaient l'École des Mines de Londres rattachée au Royal College of Sciences et l'Institut Métallurgique de l'Université de Sheffield.

Il y a quelques quinze ans, un véritable mouvement s'est créé chez nos alliés en faveur d'une forte éducation technique, sous l'influence de Henry Maw, le Directeur bien connu d'*Engineering*, qui, sans cesse, dans son importante revue, insistait sur la nécessité de changer les méthodes industrielles de l'Angleterre et cela par l'intervention des méthodes scientifiques.

Un riche anglais, Mosely, envoya en Amérique, une mission de vingt-quatre personnes, savants, professeurs, praticiens. Dans des conclusions pleines de franchise, cette Commission déclara qu'une réforme radicale était nécessaire. C'est alors que, la Société des Ingénieurs civils de Londres prit la tête du mouvement et le 24 novembre 1903, cette Société décida de confier l'étude du problème de l'enseignement technique à un Comité présidé par Sir William White, le créateur de la marine de guerre anglaise ; les membres du Comité devaient être nommés par les grandes sociétés techniques anglaises. Le rapport fut déposé le 24 avril 1906.

On peut le résumer, en envisageant les quatre points suivants (1) :

a) *Éducation secondaire préparatoire.* — Il est nécessaire que les ingénieurs aient, avant toute spécialisation une bonne éducation générale, à la fois scientifique et littéraire, avec connaissance de la langue latine, la langue grecque pouvant être négligée. L'enseignement des mathématiques doit être poussé ; il doit donner l'habitude des opérations mentales et apprendre à ne *conserver que les décimales réellement utiles.* — Les sciences naturelles doivent être professées surtout au point de vue général. On doit développer l'enseignement du dessin graphique. — Quant aux travaux manuels, ils doivent être regardés comme un délassement (ce qui est en opposition avec l'opinion américaine). Enfin, un examen doit terminer ces études, qui ne peuvent être achevées avant 17 ans ;

(1) Henry Le Chatelier. Quelques réflexions sur l'Enseignement technique supérieur. *Revue Internationale de l'Enseignement*, 1909.

cet examen doit indiquer que l'élève reçu peut suivre avec fruit l'enseignement supérieur, soit scientifique, soit technique.

b) *Enseignement pratique.* — L'apprentissage pratique doit durer plusieurs années. Une première année doit être faite *au début* des études et toujours dans un *atelier de constructions mécaniques*. Pendant ce stage, l'élève doit être soumis aux conditions ordinaires de l'apprentissage, tant au point de vue de la discipline qu'à celui des heures de présence, etc... Tout autre travail que celui de l'atelier est interdit pour éviter le surmenage (on voit apparaître ici un souci très caractérisé et, il faut bien le dire, fort rare). On recommande un autre stage de deux ou trois ans, à la fin des études, dans l'industrie à laquelle se destine l'intéressé.

c) *Enseignement technique.* — La durée de cet enseignement doit être de trois années (une année préparatoire serait subie par les élèves insuffisamment préparés). La première année est commune à toutes les branches. La seconde année est mixte et la troisième est entièrement spécialisée.

L'enseignement des *sciences pures* doit être donné, sinon par les ingénieurs, du moins par des professeurs, très au courant de l'emploi des sciences dans l'art de l'ingénieur. On recommande l'enseignement des principes scientifiques de toutes les industries, spécialement de la métallurgie. Il est indispensable de prévoir l'organisation de vastes laboratoires permettant d'habituer les élèves à toutes les mesures intéressant l'industrie.

En terminant, la Commission de la Société des Ingénieurs civils de Londres attire l'attention sur ce que le concours des industriels est indispensable pour le développement de l'éducation technique.

A la même époque, le gouvernement anglais, ému de tout le mouvement produit, nomma, sur la demande de lord Rosebery, une commission officielle qui déposa un rapport en 1906. Elle proposa de créer au South Kensington Museum une école technique supérieure modèle, ce qui fut fait.

Les grandes lignes de l'enseignement correspondent aux desiderata exprimés par la Société des Ingénieurs civils de Londres.

Bien entendu, cette création n'alla pas sans produire quelque heurt. L'Université de Sheffield qui, depuis de nombreuses années, s'était spécialisée dans la formation des métallurgistes, s'éleva contre son nouveau concurrent. Elle fit notamment ressortir que ses installations étaient de tout premier ordre. En effet, il est bon de noter ici une tendance spéciale que j'aurai à discuter plus loin, et qui peut, en somme, se résumer en ceci : constituer, en tant que laboratoire, de véritables installations industrielles minuscules, ayant la prétention de reproduire les opérations d'atelier et de donner ainsi la pratique aux élèves. C'est ainsi qu'à Sheffield, convertisseurs, fours à sole, etc., constituent des ateliers restreints, singeant les aciéries modernes.

D'ailleurs, l'agitation produite, grâce à la Société des Ingénieurs civils, s'étendit bientôt, et, tandis que se créait la Haute École d'Enseignement technique de Londres, les fameuses Universités de Cambridge et d'Oxford cherchaient à améliorer un enseignement technique très irrégulier.

Il est bien difficile de juger d'ores et déjà des fruits de tous ces efforts, mais l'on voit qu'actuellement l'Angleterre suit une conduite parfaitement déterminée.

L'enseignement technique supérieur aux États-Unis.

Aux États-Unis les universités et les écoles technique ont été créées à la même époque; elles se sont développées dans une indépendance absolue.

La plus importante des Écoles technique est l'Institut de Massachusetts; elle est située à Boston, tout comme la Haward University.

Il y a fort peu de temps, trois années, nous assure-t-on, il y a eu fusion entre ces deux établissements à la suite d'un legs important fait à l'Université; les anciens élèves de l'Institut y firent pendant longtemps une opposition extrême. Mais, en général, Universités et Écoles techniques se développent à côté les unes des autres.

D'ailleurs, il faut bien le dire, les directives de l'enseignement technique supérieur aux États-Unis ne sont pas nettes. Cependant, il semble que l'on cherche surtout à développer l'initiative personnelle, en laissant une certaine liberté aux étudiants dans les travaux qui leur sont imposés notamment au point de vue documentation, bibliographie; c'est là un excellent point de vue, à peu près ignoré en France.

De plus en plus, les travaux pratiques, les stages industriels prennent de l'importance. Il faut même signaler tout particulièrement le cas de l'École Technique de Cincinnati qui a organisé son programme de façon que ses élèves passent un jour à l'École, le jour suivant dans une usine de la ville, et ainsi de suite, alternant toujours le travail manuel et le stage d'usine avec l'enseignement, ce qui n'est point sans présenter de graves inconvénients. La tendance du laboratoire se trouve nettement dans les questions de mesure, comme en France; l'éminent professeur Howe, de New-York, a fait énormément dans cette voie et le distingué professeur Sauveur, de Boston, a écrit un volume qui, au point de vue métallurgique, donne les plus précieuses indications pour guider les chefs de travaux.

Toutefois, il faut bien signaler que l'esprit du haut enseignement technique américain est extrêmement variable d'un état à l'autre et ceci doit considérablement nuire à l'industrie.

Les Écoles sont largement ouvertes à la sortie de l'enseignement secondaire; la durée de l'enseignement est le plus souvent de quatre années.

Enfin, je voudrais bien noter ce point très spécial et fort intéressant : les professeurs des Universités ont tous les sept ans, je crois, un congé important de dix-huit mois, minimum, afin de voyager *à l'étranger* et de se tenir au courant des progrès de l'industrie qu'ils enseignent.

Conclusions de la première partie.

Il nous semble nécessaire de résumer en un tableau l'état de l'enseignement technique supérieur dans les différentes nations.

FRANCE	Grandes écoles	Instituts universitaires	Écoles libres
Avant :			
Préparation..........	Mathématiques spéciales ou École Polytechnique.	Enseignement secondaire.	Variable.
Mode de recrutement..	Concours.	Sur baccalauréat ou examen.	Sur examen.
Age d'entrée moyen ...	19 à 22 ans. (1)	17 à 18 ans.	Variable.
Pendant :			
Durée de l'enseignement.	Trois années.	Trois années.	1 à 3 ans.
Caractéristique de l'enseignement..........	Non spécialisé.	Spécialisé.	Très spécialisé.
Discipline	Sévère.	Sévère.	Sévère.
Stages d'usine........	Peu organisés.	Peu organisés.	Assez répandus.
Travaux de laboratoire.	En cours de développement.	Très développés.	Très développés.
Elimination...........	Nul ou très faible.	Faible.	Parfois élevée.
Après :			
Service militaire...	3 ans.	3 ans.	3 ans.
Age d'entrée dans l'industrie..........	25-28 ans.	23 à 24 ans.	Variable.

(1) 19 à 20 ans pour les Élèves entrant dans les grandes Écoles sans passer par l'École Polytechnique ; 22-23 ans pour les élèves qui entrent notamment aux Écoles des Mines et des Ponts après l'École Polytechnique.

	ALLEMAGNE	BELGIQUE
Avant :		
Préparation.................. ...	Enseignement secondaire ou primaire supérieur.	Enseignement secondaire.
Mode de recrutement..............	Sur diplôme de fin d'étude	Sur examen.
Age d'entrée moyen..............	17 à 18 ans.	17 à 18 ans.
Pendant :		
Durée de l'enseignement...	Quatre années dont deux théoriques.	Cinq années dont deux théoriques.
Caractéristique de l'enseignement	Très spécialisé ; (dès le début).	Spécialisé.
Discipline	Inexistante.	Moyenne.
Stages d'usine.	Exigé (durée un an).	Exige.
Travaux de laboratoire	Très développés.	Très développés.
Elimination.......	Faible.	Très forte (50 %).
Après :		
Service militaire..	1 an.	»
Age d'entrée dans l'industrie.	22 à 23 ans.	22 à 24 ans.

Suite du tableau de la page 26.

	SUISSE	ÉTATS-UNIS	ANGLETERRE
Avant :			
Préparation	Enseignement secondaire.	Enseignement secondaire.	Enseignement secondaire.
Mode de recrutement. .	Sur baccalauréat ou diplôme analogue.	Sur diplôme ou examen.	Sur diplôme.
Age d'entrée moyen . .	Très variable.	17 à 18 ans.	17 à 18 ans.
Pendant :			
Durée de l'enseignement.	Trois ou quatre années.	Quatre années.	Trois années.
Caractéristique de l'enseignement	Très spécialisé.	Spécialisé.	Spécialisé pendant un an 1/2.
Discipline	Nulle.	Nulle.	Peu précise.
Stages d'usine	Non existant.	En général exigé.	Exigé au moins un an (mécanique).
Travaux de laboratoire	Très développés.	Développés.	Développés.
Elimination	Peu élevée	Peu élevée.	Imprécise.
Après :			
Service militaire .. .	»	»	»
Age d'entrée dans l'industrie..	Très variable.	22 à 23 ans.	?

Évidemment un tel tableau ne peut tracer que les grandes lignes. Cependant, il permet de dégager certains points qui vont nous servir de base à la discussion, laquelle va constituer la seconde partie de cette communication :

1° *Seules* les grandes Écoles françaises prélèvent leurs élèves en mathématiques spéciales par voie de concours. Toutes les autres prennent leurs élèves aussitôt après l'enseignement secondaire, sur diplôme de la valeur de baccalauréat ou sur examen correspondant à ce programme ;

2° *Seules* les grandes Écoles françaises conduisent leurs élèves à entrer dans l'industrie entre 25 et 28 ans alors que les autres Écoles permettent à leurs élèves d'entrer dans la carrière entre 22 et 24 ans (même après trois années de service militaire pour les Français) ;

3° *Seules*, elles ont un enseignement général, non spécialisé ;

4° Seul l'enseignement français présente une discipline sévère ;

5° Les stages d'usine ne sont point systématiquement organisés en France, tandis qu'ils le sont partout à l'étranger ;

6° Les travaux de laboratoires très développés en Allemagne, Belgique et Suisse, ont pris une part importante dans l'enseignement des Instituts français et commencent à jouer un certain rôle dans nos grandes écoles.

Enfin, voyons la répartition du temps des études dans les principales écoles par comparaison avec les Hoschulen. Le tableau suivant la résume de façon absolument simple, ne demandant aucun commentaire.

Répartition de l'enseignement dans les principales écoles (en heures).

		Cours	Dessins et projets	Travaux pratiques	Totaux
Ecole Centrale des Arts et Manufactures	Première année	620	360	130	1.110
	Deuxième année	620	350	160	1.130
	Troisième année	450	450 (1)	110	1.010
	Totaux	1.690	1.160 (1)	400	3.250
	Pourcentage	52,0	35,7	12,3	100
			48,0		

		Cours	Dessins	Laboratoires	Divers (2)	Totaux
Ecole Supérieure des Mines	Première année	379 1/2	252	150	75	856 1/2
	Deuxième année	358 1/2	208	156	146	868 1/2
	Troisième année	387	126	282	62	857
	Totaux	1.125	586	588	283	2.582
	Pourcentage	43,6	22,7	22,7	11,0	100
			45,4			

		Cours	Dessins	Travaux pratiques	Chantiers	Totaux
Ecole des Ponts et Chaussées	Première année	308 (3)	307	15	10	640
	Deuxième année	337	286	43	40	706
	Troisième année	360	325	29	15	729
	Totaux	1 005	918	87	65	2.075
	Pourcentage	48,5	44,3	4,1	3,1	100
			51,5			

		Cours	Dessins et Laboratoires	Totaux
Hoschule (chiffres moyens)	Première année	420 à 560 (4)	400 à 500 (4)	920 à 960
	Deuxième année	170 à 460 (4)	500 à 700 (4)	870 à 960
	Troisième année	250 à 400 (4)	500 à 700 (4)	900 à 950
	Quatrième année	250 à 400 (4)	550 à 800 (4)	950 à 1.050
	Totaux	1.090 à 1.820 (4)	2 050 à 2.900 (4)	3.640 à 3.920
	Pourcentage	29 à 41 %	71 à 59 %	100

(1) Y compris le projet de fin d'étude.
(2) Sciences naturelles et langues vivantes.
(3) Non compris 40 leçons de langues vivantes et 40 d'art militaire.
(4) Suivant les spécialités.

DEUXIÈME PARTIE

Les progrès nécessaires à notre Enseignement technique supérieur.

Nous venons d'étudier l'état actuel de l'enseignement technique supérieur dans les diverses nations et nous en avons montré les différences essentielles.

Plaçons-nous maintenant au point de vue de notre pays; voyons, si comme d'aucuns le disent, il serait désirable que la France copie intégralement ce qui a été fait à l'étranger; étudions, si elle ne peut pas, si elle ne doit pas chercher à perfectionner son enseignement technique, en s'inspirant de certaines mesures prises dans les autres nations.

Pour faire systématiquement cette étude, nous examinerons successivement la préparation à l'École, l'École elle-même et l'enseignement post-scolaire.

I. — LA PRÉPARATION A L'ÉCOLE

De l'Enseignement secondaire au point de vue de la formation des Ingénieurs.

Tout le monde connaît les vicissitudes par lesquelles est passé récemment notre enseignement secondaire et les sacrifices si importants que l'on a cru pouvoir faire subir à l'enseignement classique, par la création d'un cycle où tout paraît tendre vers un but utilitaire que l'on avait appelé au début « *enseignement moderne* » et qui est devenu l'une des formules du baccalauréat actuel (1).

On se rend fort bien compte actuellement, dans de nombreux milieux que ce cycle Sciences-Langues ne fait que diminuer la formation générale de l'intelligence et du jugement comme l'a fort bien dit M. Le Chatelier :

« L'enseignement moderne commence la préparation aux examens deux ou trois ans plus tôt que l'enseignement classique et porte la durée totale de cette préparation jusqu'à 6 ou 7 ans. Aux examens, grâce à ce chauffage, la médiocrité prend alors le pas sur l'intelligence. »

Je n'ai pas besoin de rappeler longuement la lutte des ingénieurs contre les programmes universitaires de 1902. Tous se souviennent de la belle lettre du Comité des Forges de France, sous la signature du regretté M. Guillain ; cette lettre fut suivie d'un mouvement important auquel prirent part la Société des

(1) Je rappelle que le baccalauréat comprend actuellement quatre cycles pour la première partie : A, Latin-Grec ; B, Latin-Sciences ; C, Latin-Langues ; D, Sciences-Langues. Les programmes des cycles B et D sont les mêmes pour les Sciences. La seconde partie n'est divisée qu'en deux cycles : Philosophie et Mathématiques. Elles sont accessibles à tous ceux qui ont une des quatre premières parties.

Amis de l'École Polytechnique et la Société d'Encouragement pour l'Industrie nationale. Il paraît bien établi que les ingénieurs à nouvelle formation ne peuvent écrire correctement le français; qu'ils ont une moindre compréhension des idées générales et un jugement moins développé. Il semble, de plus, que, dans leurs relations soit avec leurs supérieurs ou leurs égaux, soit avec leurs subalternes et notamment avec les ouvriers, ils apportent généralement moins de tact. En un mot, le nouveau cycle de l'enseignement moderne donne une formation intellectuelle insuffisante et prépare moins les futurs candidats-ingénieurs à la conduite des hommes et des affaires.

Il faut donc, dans tous les examens et concours, donner de très sérieux avantages à tous les élèves qui ont les titres de bachelier, cycles A, B ou C et donner une place importante à la composition française. Mais cela ne suffit pas. Le nouveau cycle d'études secondaires paraît aussi développer avec moins de force l'esprit scientifique. Ce dernier point peut paraître anormal; cependant il est incontestable que dans le nouvel enseignement secondaire francais on a confondu des questions d'apprentissage et de formation intellectuelle; on a donné un nouveau nom à une forme de l'enseignement primaire supérieur.

Il suffit d'ouvrir les nouveaux traités de physique et surtout de chimie pour voir la prétention des nouveaux programmes où l'on trouve expliqué, en quelques lignes, les problèmes les plus importants de l'industrie, métallurgie du fer, métallurgie du cuivre, fabrication des matières colorantes, etc. L'enseignement de la chimie ne comporte le plus souvent que des faits isolés, d'un intérêt secondaire, les lois et les idées générales étant le plus souvent passées sous silence.

Deux erreurs sont d'ailleurs profondément ancrées dans tout l'enseignement secondaire : la suppression de toute application numérique et surtout l'absence complète de la notion capitale de l'approximation : « Dans l'enseignement de la physique, dit M. Le Chatelier, on passe sous silence la seule chose intéressante et utile à connaître : le degré de précision des résultats obtenus et la raison de cette précision ».

Pour obtenir des élèves cette connaissance de l'approximation, il faut exiger des professeurs de sciences expérimentales de faire exécuter aux élèves des devoirs écrits, demander aux professeurs de mathématiques d'accompagner leurs problèmes de nombreux exemples numériques; tous ces exercices devront permettre aux étudiants d'apprendre à jongler avec les unités.

Cela serait fait, sans doute, depuis fort longtemps, si l'on ne s'était généralement borné à confier la revision de nos programmes universitaires à des personnes qui n'ont aucune relation avec la vie industrielle.

En un mot, une revision s'impose pour les programmes de l'enseignement secondaire et si l'on veut, malgré tout, y conserver le cycle D des études, du moins faut-il le reviser dans le sens indiqué.

Cette revision doit être faite par des commissions très largement ouvertes et comprenant des membres représentant les grands groupements scientifiques et industriels de notre pays.

Des classes de mathématiques spéciales.

Prenons maintenant l'étudiant qui vient de passer avec succès son baccalauréat; il a déjà montré les aptitudes voulues pour poursuivre ses études vers les grandes Écoles. Il doit entrer alors en mathématiques spéciales qu'il n'ose souvent aborder qu'après une année de mathématiques élémentaires supérieures.

C'est après deux ans, souvent trois années passées dans ces classes de mathématiques spéciales qu'il pourra se voir ouvrir les portes des grandes Écoles et particulièrement de l'École Polytechnique, où il ne fera encore que des études théoriques.

Car, il faut bien le dire, de tout temps, c'est l'École Polytechnique qui a souverainement réglé les entrées dans les grandes Écoles françaises; ce sont ses programmes, sa limite d'âge, disons même, son esprit qui a le plus influencé la formation de la jeunesse se destinant aux grandes écoles.

Ces classes de mathématiques spéciales ont-elles une utilité réelle? Leur enseignement ne pourrait-il être reporté avec avantages dans nos grandes Écoles même?

Telle est la très grave question que très bons esprits se posent, dont on se préoccupe même en certaines Écoles, et qu'il faut bien examiner. Sans doute, l'Université ne laissera-t-elle point toucher facilement à ces classes qui permettent, par un savant écrémage, de recruter son futur personnel enseignant par le concours de l'École Normale; sans doute le Ministère de l'Instruction publique ne consentira-t-il que sous une violente poussée de l'opinion et du Parlement à sacrifier toute une catégorie de professeurs qui viennent ainsi chercher dans les grands lycées de Paris leur bâton de maréchal, alors que l'absence du titre de docteur ne leur permet pas de poser leur candidature à des chaires de Faculté?

Mais ces questions de personnes ne sauraient peser dans la balance, lorsque sont agités ces graves problèmes qui ont les répercussions les plus immédiates sur notre industrie.

Dans une étude qui voisinait le pamphlet, M. André Pelletan, sous-directeur de l'École supérieure des Mines, disait dans la *Revue de Paris* :

« Muni de son diplôme de bachelier, le candidat à l'École Polytechnique entre donc en mathématiques spéciales. La première année ne sert qu'à le dégrossir; il se présente aux examens, mais seulement pour se faire la main et sans espoir sérieux de réussite; il redouble alors sa classe et suit de nouveau exactement le même cours; il se présente encore et échoue huit fois sur dix; il recommence une troisième fois puis une quatrième s'il est nécessaire, et parfois une cinquième, jusqu'à ce qu'il soit reçu ou atteint par la limite d'âge. Cette perpétuelle répétition du même enseignement est une déplorable didactique... Les médiocres arrivent donc par leur persévérance à forcer les portes de l'École Polytechnique ; ce n'est plus un recrutement au choix qui s'opère, c'est un recrutement à l'ancienneté et le niveau intellectuel baisse.

« Les programmes des classes spéciales ne sont nullement appropriés aux besoins de l'ingénieur. Quand les jeunes gens arrivent à nos examens, ils dissertent admirablement sur les espaces imaginaires; mais si vous leur posez un problème réel comme d'exprimer une surface en centimètres carrés ou de résoudre numériquement une question de mécanique, ils en sont absolument incapables.

« Ce n'est point là d'ailleurs le plus grave défaut de cet enseignement; son vice capital, c'est qu'il n'est point une culture scientifique; il n'a d'autre but que la réussite au concours. Il s'adresse à la mémoire et non à l'intelligence. »

Il paraît donc bien qu'il y ait gros intérêt à ne pas prélever les élèves des grandes Écoles dans les classes de mathématiques spéciales ; mais bien à donner l'instruction nécessaire dans une année préparatoire. On éviterait ainsi des développements de théories qui, au dire des ingénieurs les plus qualifiés, n'ont aucun intérêt pour la carrière industrielle, ni au point de vue utilisation immédiate, ni même au point de vue formation de l'esprit.

D'ailleurs cet enseignement des mathématiques (spéciales et supérieures) jusqu'à quel point doit-il être poussé ? C'est là une question très grave, qui ne se pose point d'aujourd'hui. Sans doute, tout le monde est-il bien d'accord sur la puissance des mathématiques comme moyen de formation de l'esprit et du jugement. Cependant, je ne pense pas que ce soient là les seuls moyens à utiliser pour atteindre cette formation. Des esprits intransigeants vous disent que seules les mathématiques produisent ce développement de l'esprit; d'autres prétendent que seule l'étude des littératures anciennes y conduisent.

Je crois que là encore, c'est dans un juste milieu que se trouve la vérité, et que tout problème obligeant à la réflexion, toute étude forçant l'esprit à se poser forme le jugement et que l'abus de tout, même des mathématiques, peut arriver à le fausser. Dès 1900, M. Fayol, l'éminent directeur général de la Société de Commentry-Fourchambault-Decazeville, membre du Conseil de l'École des Mines de Saint-Étienne, disait (1) : « Les ingénieurs ne se servent « pas des mathématiques supérieures dans l'exercice de leur fonction, et les « directeurs pas davantage. Il faut apprendre les mathématiques, c'est entendu ; « mais dans quelle mesure ? Telle est la question qui se pose et que les profes- « seurs ont presque toujours été seuls à résoudre jusqu'à présent. Or, en pareille « matière, les professeurs me paraissent particulièrement redoutables et d'autant « plus qu'ils sont plus savants et plus zélés. Ils voudraient transmettre toute leur « science et trouvent que les élèves quittent toujours trop tôt les bancs de l'école. « De là, beaucoup d'efforts inutiles et beaucoup de temps perdu. Et l'industrie, « qui a besoin de jeunes gens bien portants, souples, sans prétention, je dirais « même pleins d'illusions, reçoit souvent des ingénieurs fatigués, anémiés de « corps et d'esprit, moins bien disposés qu'on peut le souhaiter aux besognes « modestes et à ces beaux efforts qui rendent tout facile. Je suis convaincu qu'on

(1) Congrès international des Mines et de la Métallurgie et *Bulletin de la Société de l'industrie minérale*, tome XV, 1901.

« pourrait les rendre plus tôt à la vie active et tout aussi bien préparés, en sup-
« primant de l'enseignement actuel les choses inutiles ».

D'ailleurs, fait particulièrement piquant, M. Haton de la Goupillère, ancien professeur de mathématiques à l'École des Mines et à la Sorbonne, répondait : « En ce qui concerne l'École des Mines. j'étais pénétré des idées que vous a « développées M. Fayol; je faisais un cours très limité de calcul différentiel et « intégral que j'avais réduit à dix leçons et dans lequel j'avais soigneusement « condensé tout ce qui me paraissait nécessaire pour mettre les élèves en état « de traverser tout le reste de l'enseignement. Plus tard, je suis passé au cours « d'exploitation des mines et des machines. Celui d'analyse a été alors confié à « un homme absolument éminent, un mathématicien de premier ordre qui a « cru devoir donner à ce cours un développement tout différent. Depuis lors, « on a respecté (1) cette ampleur apportée par mon successeur, mais je crois « que ce que dit M. Fayol est juste et qu'il conviendrait de réduire les mathé- « matiques pures à ce qu'ont à appliquer les jeunes gens ».

Il faut, d'ailleurs, ajouter que cette exagération de l'enseignement des mathématiques — qui n'a lieu qu'en France — est dû à l'influence de l'École Polytechnique dans la définition des programmes de l'enseignement. En faisant graviter autour de ses classes préparatoires, celles des autres grandes Écoles, l'École Polytechnique a joué — il faut le reconnaître — un rôle tout à fait néfaste à l'enseignement technique supérieur.

Abaissement de la limite d'age.

Cette transformation capitale des études aurait, d'ailleurs, l'influence la plus heureuse, celle qui nous apparaît comme indispensable : l'abaissement de l'âge d'entrée dans l'industrie

Nous avons montré la différence essentielle qui existe actuellement à ce point de vue entre *tous* les enseignements étrangers et les grandes Écoles françaises : nos ingénieurs entrent dans la vie à l'âge de 25-27 ans, tandis que *tous* les autres franchissent le seuil des usines dès 22 à 24 ans.

Pour gagner — si ce n'est la totalité — du moins une bonne partie de cette différence énorme de quatre années, il serait nécessaire que les élèves entrassent à 18 ans dans les grandes Écoles; celles-ci, ayant un enseignement plus complexe, seraient obligées de porter le nombre d'années d'étude à quatre. A 22 ans, les élèves n'auraient plus que les obligations du service militaire à satisfaire. Ce n'est point le moment de discuter ce que pourront être ces obligations dans l'avenir. Je rappelle seulement que les élèves de l'École Normale et de l'École Polytechnique ne sont assujettis qu'à deux années de service, que les élèves des autres grandes Écoles restent sous les drapeaux pendant trois années. Je souligne aussi qu'en Allemagne les étudiants des Hoschulen ne doivent qu'une

(1) Ceci est faux actuellement.

année — au maximum — (il y a, je crois, de nombreux cas d'exemption complète) à leur pays.

Toutefois, il ne faut pas se dissimuler les difficultés de l'adoption d'un semblable projet et cela, comme nous l'avons dit, parce que l'École Polytechnique règle en grande partie les concours des grandes Écoles.

On sait que la limite d'âge vient d'être abaissée et à l'École Polytechnique et à l'École supérieures des Mines, qu'elle a été ramenée entre 18 et 20 ans. La répercussion sur les autres écoles va se faire sentir, cela est certain. Mais que de difficultés pour arriver à cette première mesure. L'École des Mines l'ayant proposée, le Conseil d'État consulté fit une opposition absolue. Il déclara l'idée excellente; mais il ajouta qu'il ne pouvait accepter cette mesure que si elle était générale et s'appliquait à toutes les grandes Écoles. L'École Polytechnique ayant accepté la modification proposée, l'abaissement de la limite d'âge d'une année fut promulgué. On peut, d'ailleurs, se demander si de ce fait le nombre d'années passées en mathématiques spéciales sera diminué et si le but visé sera bien atteint. Les candidats ne chercheront-ils pas à diminuer leurs études classiques et ne doit-on pas voir ici une nouvelle nécessité de donner des avantages de plus en plus importants à ceux possédant les diplômes voulus?

En tous cas, la suppression des classes de mathématiques spéciales ne résoud point une autre question d'un intérêt primordial : le mode de recrutement des élèves.

Mode de recrutement des élèves.

Nous avons vu que l'on se trouve en présence de deux modes de recrutement : le concours, usité seulement en France; l'examen ou même seulement l'admission sur diplôme pratiqué dans nos Instituts et à l'étranger. Quel est le mode de recrutement préférable? Faut-il mieux ouvrir très grandes les portes à l'entrée, quitte à les refermer au cours des études (École de Liège, Institut du Nord, etc.)? Est-il préférable de restreindre l'entrée, quitte à rendre les éliminations très faibles au cours des études ?

La question doit être envisagée à trois points de vue différents :

a) La répercussion sur la valeur des ingénieurs.

b) L'organisation de l'École.

c) Les sacrifices faits par les familles.

Il apparaît comme certain que le concours a, en lui-même, des inconvénients, extrêmement sérieux et qu'il laisse passer, à côté des Écoles, des jeunes gens de valeur.

D'après M. Appell, le concours fausse tout l'enseignement par l'idée de préparation à l'examen. « L'importance d'une question, dit le savant doyen de la Faculté des Sciences, n'est pas son importance réelle, éducative, scientifique ou pratique, c'est son importance dans l'examen ; on recueille les questions des examinateurs, on note leurs habitudes ou leurs préférences; on prépare l'examen oral, comme on prépare le baccalauréat dans les *fours à bachots* ».

Et M. Pelletan d'ajouter :

« Chaque examinateur a ses marottes : M. X. préfère une certaine méthode pour la démonstration d'un théorème; M. Y. une autre. On donnera donc aux élèves deux démonstrations l'une faite pour M. X. l'autre pour M. Y. Chacun d'eux formule toujours les mêmes objections : on enseignera donc les objections de MM. X. et Y. L'examinateur forge lui-même des devinettes, véritables casse-têtes remplis de pièges et de difficultés qui, naturellement, vont l'année suivante, prendre place dans l'enseignement ».

Qui de nous ne se trouvent ainsi reportés au temps de ses 20 ans !

Et M. Pelletan de conclure avec M. Appel : « Un tel enseignement est néfaste pour l'esprit scientifique, il conduit au surmenage, l'idée du concours obsédant le candidat ».

Le concours ne semble donc pas être la meilleure méthode de recrutement des candidats ingénieurs. Cependant, il peut apparaître comme une nécessité, lorsqu'on envisage les disponibilités de nos grandes Écoles en places libres. Si l'on ouvrait bien grandes les portes sur diplômes ou même sur examen, tel de nos centres d'enseignement qui voit, chaque année, frapper à sa porte un millier de candidats et n'en accepte que 250, serait vite débordé, même en tenant compte des élèves, qui, se présentant actuellement plusieurs fois, y entreraient de suite. La sélection paraît une obligation, dans l'état actuel des choses.

D'autre part, il est incontestable que la préparation aux grandes Écoles est fort coûteuse pour les familles. Or, si l'on admet une entrée nombreuse d'élèves, il semble inéluctable que les éliminations au cours des études soient importantes, si l'on veut conserver la valeur aux diplômes donnés. On ne peut renvoyer ainsi au bout d'un an ou deux d'études des jeunes gens de 20 ans.

Il y a cependant une méthode simple pour éviter cette critique : l'élimination devrait se produire à un moment tel que l'élève rayé puisse entrer dans une autre École technique, une École spécialisée, un Institut par exemple.

J'arrive donc aux conclusions suivantes en ce qui concerne la préparation à l'enseignement technique supérieur :

a) Suppression des classes de mathématiques spéciales;

b) Admission aux Écoles sur simple examen avec notes éliminatoires (ou même sur diplôme de l'enseignement secondaire). Portes largement ouvertes;

c) Avantages très sérieux aux candidats possédant la culture classique ;

d) Limite d'âge : 17 ans minimum, 18 ans maximum ;

e) Élimination très sérieuse, pouvant atteindre 50 %, après une première année d'étude, regardée comme année préparatoire ;

f) Programmes de cette année préparatoire, arrêtés de façon à pouvoir écouler les jeunes gens évincés, vers des Écoles spécialisées, Instituts universitaires ou autres.

II — L'ÉCOLE TECHNIQUE SUPÉRIEURE

Pour se rendre un compte bien exact de ce qu'est et de ce que doit être l'École Technique supérieure, il faut, me semble-t-il, l'examiner à trois points de vue :

a) Les élèves ;
b) Le corps enseignant ;
c) L'enseignement même.

Les élèves. — J'ai déjà insisté sur une différence essentielle entre l'école française et l'école allemande : liberté absolue dans la seconde, discipline très sévère dans la première.

Y a-t-il là quelque point à remanier ? La discipline se traduit avant tout par des examens fréquents et par un contrôle continuel de la présence et de l'assiduité. Elle a évidemment un très gros avantage : tenir l'élève en haleine, l'obliger à produire un effort continu, soutenu. Elle a, du moins dans l'état actuel des choses, un inconvénient qu'il ne faut point dissimuler : la suppression de l'initiative. L'élève, incontestablement surmené, ne songe qu'à parer au plus pressé ; il n'a pas le temps de réfléchir ; il apprend tant bien que mal les matières qui font l'objet de sa prochaine interrogation. Une telle méthode de travail est évidemment très mauvaise et, sans aller jusqu'à rendre les interrogatoires facultatifs ou à supprimer tout ce qui n'est pas examen de fin d'année — ce qui a lieu dans les Écoles étrangères — on pourrait, il me semble, adopter un moyen terme en diminuant un peu — disons de moitié — le nombre des interrogations existant, en n'en faisant que toutes les quinzaines ; mais en exigeant un effort personnel important de l'élève, soit en lui demandant des applications numériques, soit surtout en indiquant des recherches bibliographiques que l'élève aura dû faire.

Nous reviendrons plus loin sur cette question en parlant de la documentation qui doit accompagner tous les cours.

Donc nombre d'examens plus restreint ; mais interrogations faites de façon que l'élève soit obligé à plus d'initiative, à plus d'effort personnel.

C'est là une note qui reviendra certainement dans cette partie de ma communication, quel que soit le sujet envisagé, examens, projets, travaux pratiques etc., etc. Nos Écoles, de façon générale, ont une tendance à supprimer toute individualité et là une réaction me paraît indispensable, même si certains — moins courageux, moins travailleurs — doivent en souffrir, comme d'aucuns le craignent.

La discipline doit être sévère, le contrôle serré, sans quoi les abus seront d'autant plus nombreux que plus jeunes seront nos élèves.

Quant à la vie même, soit dans nos Écoles, soit hors de nos Écoles, j'avoue ne pas vouloir la mouler en quoi que ce soit sur celle des étudiants allemands.

Que l'allure de l'étudiant français garde cette gaieté — qui va parfois jusqu'à la gauloiserie fine — que son exubérance lui laisse échapper quelques bons mots — même à l'amphithéâtre — que sa critique un peu moqueuse, toujours spirituelle s'exerce de temps en temps — même sur les Maîtres, — ma foi, je le dis bien haut, tout cela je le préfère sincèrement à la raideur des élèves des Hoschulen, à cette tenue hautaine et disgracieuse qui en fait de véritables hobereaux, à moins que quelque séjour en commun dans les brasseries n'ait jeté à bas toute cette façade pour ne plus laisser apparaître que la grossièreté de la race.

Maintenons donc la discipline, en tant que présence et travail, mais — tout en réprimant les abus — laissons se perpétuer les traditions qui ne sont pas, sans trouver près des anciens, quelques échos d'excuse ; car elles nous rappellent les chères années passées sur les bancs de l'École.

Le corps enseignant. — J'aborde maintenant une question particulièrement délicate. Bien que je compte la traiter en toute franchise, je m'efforcerai à ne froisser aucun intérêt particulier.

Dans nos Écoles techniques, le corps enseignant comprend, en dehors du personnel dirigeant :

1° Les professeurs ;

2° Les chargés de conférences et chefs de travaux ;

3° Les répétiteurs.

J'examinerai de suite deux questions capitales : leur recrutement ; leur influence Je parlerai plus loin des modes d'enseignement.

Il est entendu que, dans notre pays comme ailleurs, les professeurs de nos grandes Écoles sont nommés sur leurs titres, leurs travaux et leurs situations industrielles. On néglige trop souvent leurs qualités professorales. Qui de nous n'a connu des maîtres éminents, des savants émérites, des ingénieurs réputés, qui ont été des professeurs déplorables ? Et si les Maurice Lévy, les Jordan, pour ne parler que des disparus, ont eu une influence si profonde sur un grand nombre de générations d'ingénieurs, celle-ci était due non-seulement à leur science. mais aussi à leur valeur didactique. Sous ce rapport, le mode de recrutement allemand dans lequel les privat-docent ayant fait leurs preuves jouent un rôle important, est des plus intéressant. D'ailleurs, la question n'est point aussi simple et celle qui se pose est, en somme, la suivante : qui doit enseigner dans les écoles techniques supérieures, quelles qu'elles soient, même les Instituts universitaires ?

Dans tous ces centres d'instruction, les cours — je l'ai dit et répété — se divisent en deux grandes catégories : les cours théoriques, qui se trouvent au début de tous ces enseignements ; les cours industriels qui forment évidemment la partie principale.

Pour les premiers cours, on conçoit très bien qu'un pur savant puisse donner toute satisfaction, qu'un professeur d'université puisse y faire très bonne figure. Cela est incontestable et je pourrais en citer de nombreux exemples. Mais, cependant, pour dévoiler le fond de ma pensée, je dirai que mes préférences vont aux théoriciens ayant quelques liens avec l'industrie, aux ingénieurs qui rendront plus sûrement leur enseignement conforme aux besoins de leurs élèves. Les universitaires, qui ne font plus fi de l'industrie, sont déjà assez nombreux pour qu'un recrutement aisé soit possible. Toutefois, je le reconnais, la question est discutable.

Mais s'il en est ainsi lorsqu'on envisage l'enseignement théorique, les cours généraux, il ne saurait subsister *aucun doute*; lorsqu'il s'agit des cours industriels quelle que soit leur orientation que j'examinerai plus loin.

Seuls, les ingénieurs, qui pratiquent une industrie, ont le droit de l'enseigner. Sans doute, me dira-t-on, un professeur de métallurgie — je me permets de prendre cet exemple et de le discuter, de préférence à tout autre que je connais moins bien — un professeur de métallurgie ne peut vivre entièrement tout ce qu'il doit enseigner. En général, il se sera spécialement occupé d'une métallurgie et, s'il peut parler avec compétence d'une partie de la métallurgie du fer ou même de l'ensemble de la sidérurgie, il ne pourra pas traiter avec sécurité des métallurgies du cuivre, du plomb, du zinc, etc.; moins encore il sera susceptible d'enseigner les grandes questions théoriques qui se posent aujourd'hui, reliant les propriétés des produits à leur constitution. Il sera tenté de les négliger, si ce n'est de les critiquer, alors que seules les questions de production l'intéressent dans l'industrie.

Cela est fort juste, aussi suis-je très partisan de la division de l'enseignement, même dans une spécialité. Je me permettrai cependant, pour continuer l'exemple choisi, de faire remarquer, que les métallurgies ont de nombreux points de contact et que c'est justement dans la comparaison des réactions, voir même des appareils, que l'on peut trouver les points les plus instructifs et les plus frappants. J'en indiquerai plus loin des exemples. Un professeur aura une valeur d'autant plus grande — disons-le de suite — qu'il dirigera son enseignement vers des idées plus générales.

En un mot, *le professeur doit être mêlé à l'industrie qu'il enseigne*. Sous ce rapport, les avis ne sont plus partagés, et l'on peut s'étonner de voir l'un des professeurs de science industrielle d'une de nos Universités, s'exprimer ainsi :

« On a pu se demander si un professeur qui n'a pas pratiqué dans l'indus-
« trie est capable de bien connaître la chimie industrielle. Il me paraît incon-
« testable qu'un homme qui a un savoir étendu pourra, en visitant un grand
« nombre d'usines et en s'entretenant avec leur directeur technique, en étudiant
« de plus les brevets, les ouvrages spéciaux, arriver à posséder une compétence
« spéciale suffisante pour donner à ses élèves un enseignement solide et précis ».
On ne saurait trop s'élever contre pareilles prétentions. « Dans certains centres, on charge indifféremment un professeur de la chimie pure, de la métallurgie et de l'agriculture, etc. (1) ». L'on peut d'ailleurs ajouter que c'est là le fait dominant de tout le rapport de la Commission Mosely, à savoir que le profes-

(1) H. Le Chatelier. Rapport fait au nom de la Société de l'enseignement supérieur sur le développement à donner dans les Universités à l'enseignement technique supérieur.

seur doit avoir la pratique industrielle. En effet seuls les Maîtres ayant vécu dans les usines peuvent, non seulement donner une idée exacte des fabrications, mais seuls aussi ils peuvent apprendre aux élèves ce que sont les exigences de la vie industrielle, ce qu'est la notion capitale du prix de revient et du prix de vente, ce qu'est la conduite, de jour en jour plus délicate, de l'ouvrier. Seul l'ingénieur peut faire naître, chez les jeunes, l'amour du métier.

C'est là un point capital que les universités devront bien méditer, dans leurs futures extensions vers les applications : *les professeurs de cours industriels doivent être des ingénieurs qui vivent, je ne dis pas qui ont vécu, dans l'industrie qu'ils enseignent.*

Examinons maintenant la question de l'influence du corps enseignant sur les élèves : dans la plupart de nos Écoles, les professeurs ont fort peu de contact avec les élèves ; leur rôle se confine dans l'enseignement *ex cathedra* et, s'ils ont ainsi quelque influence, cela est dû seulement à la supériorité de leurs leçons, à l'importance des matières qu'ils enseignent. En général, l'influence réelle ne peut se faire sentir que par contact prolongé et suivi, contact rendu impossible par les situations industrielles des maîtres. Il faut corriger ce grave défaut de l'enseignement qui — je tiens à l'ajouter de suite — est plus marqué encore en Allemagne. Pour cela, on doit demander quelques sacrifices aux professeurs, et les prier, dans les limites où leur permettent leurs occupations industrielles — d'ailleurs si importantes pour leur professorat — de suivre de plus près leurs élèves dans leurs travaux, les visites d'usine, les voyages d'étude, etc. Mais il faut surtout agir sur les autres membres du corps enseignant : maîtres de conférences, chargés de travaux pratiques, répétiteurs. On doit exiger de ceux-ci un long temps consacré à l'École pour que les élèves soient continuellement guidés dans leurs études et leurs projets. En un mot, *le corps enseignant des écoles techniques supérieures doit être recruté parmi les ingénieurs ayant pied dans l'industrie qu'ils professent* ; la question n'est discutable que pour les cours théoriques. *Il faut de plus demander aux professeurs de ne pas regarder comme unique mission les leçons* ex cathedra *et exiger des chefs de travaux et des répétiteurs un contact prolongé et suivi avec les élèves dont ils doivent être les guides constants.*

L'ENSEIGNEMENT. — L'enseignement de toutes les hautes écoles techniques comprend quatre parties :

Les cours ;

Les travaux pratiques, accompagnés généralement de conférences ;

Les travaux graphiques et les projets ;

Les stages et visites d'usines.

Étudions ces quatre subdivisions de l'enseignement. Voyons ce qu'elles sont en France et à l'étranger et les progrès qu'elles peuvent faire.

Nous avons déjà fait ressortir les temps relatifs de ces enseignements, nous avons montré l'important développement pris depuis plusieurs années par les travaux de laboratoire et les travaux graphiques. Nous avons vu qu'en France

— spécialement à l'École Centrale — le nombre d'heures consacrées aux cours est considérable. Il nous faut chercher l'esprit de cet enseignement et le discuter.

Mais, avant tout, une question capitale se pose, question qui a déjà fait couler une quantité d'encre telle, qu'il nous paraît impossible de ne pas résumer les discussions si nombreuses, parfois très acerbes, auxquelles elle a donné lieu : *un élève-ingénieur doit-il être spécialisé?* Résumons les deux opinions en présence :

Les partisans de la spécialité disent : un enseignement encyclopédique ne peut être que superficiel (1) ; un ingénieur non spécialisé ne peut rendre aucun service à sa sortie de l'École, il doit faire un apprentissage dans l'industrie et sera ainsi conduit à la spécialisation.

A ces observations, les partisans de l'enseignement encyclopédique disent : ni en Allemagne, ni nulle part ailleurs, un ingénieur qui sort de l'École n'est, ni ne peut être un praticien (2), il lui faudra toujours une certaine pratique d'atelier ou de laboratoire pour être réellement utile. Mais là n'est point la question principale. La question essentielle qui nécessite l'enseignement encyclopédique pour un *certain nombre* d'ingénieurs est que, seul, cet enseignement permet de prendre avec sécurité la direction des affaires, d'une complexité chaque jour croissante pour lesquelles il est très utile, peut-être même indispensable de posséder des lumières générales (3).

Il faut d'ailleurs bien reconnaître que cet enseignement a donné les plus brillants résultats et que les ingénieurs ainsi formés remportent les plus brillants succès, non seulement en France, mais aussi dans nos colonies et à l'étranger.

D'ailleurs, ajoute-t-on, il est bien délicat d'imposer à des jeunes gens de 20 ans de choisir une spécialité. Mais, la vérité est en ce point essentiel : *La spécialisation ne forme pas de chef.*

Nous en trouvons d'ailleurs la preuve la plus immédiate dans ce qui est arrivé en Allemagne. Il est certainement rare, très rare même, de trouver à la tête des grandes affaires industrielles allemandes, des anciens élèves des Hoschulen : spécialistes on les a faits, spécialistes ils sont restés.

Mais au moins sont-ils contents de leur sort? Cette spécialisation leur donne-t-elle satisfaction? Écoutez, en dehors de toutes les récriminations touchant leur position sociale et pécuniaire dont j'ai déjà parlé, écoutez ce qu'écrivait en 1912 M. Conrad Matschoss dans la revue métallurgique la plus importante du monde entier, le *Stahl und Eisen* (vol. XXXII, p. 217) : « Les écoles techniques supérieures présentent le défaut d'une trop grande spécialisation. On a créé un trop grand nombre de sections qui s'ignorent les unes les autres, de telle sorte que l'on arrive à former des chimistes, des électriciens,

(1) Arth, *Revue de Métallurgie*, Mémoires 1907, p. 477.

(2) Vogt, *Revue de Métallurgie*, Mémoires 1907, p. 471.

(3) Le Chatelier, *Rapport sur le développement à donner dans les Universités à l'enseignement technique supérieur.*

des constructeurs de machines, mais non des ingénieurs ayant une connaissance générale de leur profession. Il faut, sans supprimer les sections générales, organiser un enseignement qui leur soit commun. Sans doute, les universités fournissent un enseignement scientifique général; mais elles demeurent trop éloignées des considérations pratiques pour préparer utilement à l'exercice de la profession d'ingénieur ».

Pouvais-je trouver un témoignage plus clair, plus précis de la nécessité d'un enseignement encyclopédique? Et voilà l'Allemagne elle-même, cette Allemagne que l'on nous demande d'imiter de tous côtés, cette Allemagne dont les ingénieurs crient famine, qui réclame cet enseignement que des parlementaires incompétents voudraient voir saper en sa base. Cette question de spécialisation a fait, en 1909-1910, l'objet d'une étude très approfondie à l'École Centrale. Dans un remarquable rapport, notre regretté collègue Edmond Coignet, Vice-président du Conseil, arrivait à cette conclusion très nette : l'École Centrale, destinée à faire surtout des chefs d'industrie, ne peut changer son orientation. L'enseignement spécialisé doit être donné ailleurs.

Donc, enseignement encyclopédique nécessaire pour la formation de certains ingénieurs; enseignement spécialisé indispensable à une autre catégorie de jeunes gens, peut-être plus importante en nombre.

Mais faut-il encore s'entendre sur ce qu'est l'enseignement encyclopédique. La complexité des questions industrielles, le nombre des problèmes chaque jour soulevés fait qu'un enseignement ne peut être encyclopédique que s'il se borne aux *facteurs communs* à toutes les industries et aux questions primordiales des fabrications. Je précise ma pensée : aucun ingénieur ne peut être formé par enseignement encyclopédique s'il n'a des connaissances approfondies sur tout ce qui est résistance des matériaux, force motrice, constructions générales, matières premières de l'industrie, notamment la valeur des produits métallurgiques (alliages compris), leurs propriétés, leurs traitements et leurs emplois. Mais on conçoit aisément que, s'il a besoin de connaître — pour rester sur mon propre terrain — les principes généraux des métallurgies, les méthodes de la sidérurgie, des métallurgies du cuivre, du plomb et du zinc, il ne lui est nullement utile de savoir, du moins en détails, les méthodes des métallurgies de l'or et de l'argent. Il lui est indispensable de connaître le champ des propriétés des principaux produits de la métallurgie, les variations de ces propriétés avec leur traitement; ce sont des questions qu'il aura certainement à utiliser; tandis qu'il lui sera souvent inutile de connaître les différents temps de la fabrication de l'antimoine et du platine.

Ceci me fait dire ce que je pense de la multiplicité des cours à laquelle conduit fatalement l'enseignement encyclopédique. Un professeur est toujours tenté de s'étendre, et cela d'autant plus qu'il connaît mieux l'industrie dont il parle, et la difficulté pour un maître qui veut réellement mener à bien la tâche souvent lourde, toujours délicate qui lui est confiée, la difficulté n'est pas de savoir ce qu'il faut dire; mais bien de déterminer ce qu'il faut taire.

Dans toutes les Écoles à enseignement encyclopédique, il est nécessaire de faire des coupes sombres dans les cours, et cela en s'inspirant des deux principes que j'ai énoncés :

Nécessité de l'enseignement détaillé des facteurs communs à toutes les industries

Utilité d'enseigner seulement des idées générales des fabrications (nous verrons plus loin dans quel sens).

On pourrait gagner ainsi un temps précieux permettant aux élèves de produire une augmentation de travail personnel et d'initiative.

Je sais bien les difficultés qui peuvent surgir; je n'ignore point, encore une fois, que les questions de personnes surgissent de suite. Elles ne sont pas invincibles. Cette condensation de l'enseignement oral est rendue plus évidente encore, si l'on veut bien noter ce que nous allons dire au sujet de l'esprit de l'enseignement, autre point bien délicat.

Si nous envisageons un cours industriel tel que celui de métallurgie et travail des métaux, que j'ai l'honneur de professer au Conservatoire national des Arts et Métiers (1), nous voyons deux orientations possibles : le cours descriptif, le cours de science industrielle.

Le cours descriptif, c'est-à-dire le cours dans lequel, ayant évincé toute question d'historique détaillé, on s'abandonne, peut-on dire, dans la description des méthodes et des appareils.

Le cours de science industrielle fait la part restreinte à ces questions, mais étudie en détails tous les facteurs qui peuvent influencer les résultats de l'opération, tant au point de vue qualité du produit que prix de revient.

Dans une remarquable conférence faite à l'Université de Liège sur « La science pure orientée vers les applications et la science industrielle » (2), M. Henry Le Chatelier disait : « Il faut un enseignement scientifique adapté « aux besoins de la pratique... Les professeurs des Écoles Techniques sont tentés « de trouver là des bavardages théoriques de nature à stériliser la portée de leur « enseignement et les professeurs des Écoles Scientifiques affectent de réduire « toute question pratique à des collections de recettes empiriques d'un niveau « inférieur... La science industrielle est bien une véritable science... Elle se « distingue des sciences particulières par une plus grande perfection; elle les « embrasse toutes et met leur beauté en pleine lumière en révélant l'importance « de leur action sur la marche générale du monde ».

Je tiens à préciser par divers exemples ce qu'est la Science Industrielle : on peut enseigner l'importante question des gazogènes, en donnant une part prépondérante à la description des appareils, et cela peut entraîner bien loin; on peut au contraire étudier avant tout avec détails les meilleures conditions de marche de ces appareils, en s'appuyant notamment sur les travaux de Le Chatelier et Boudouard sur les équilibres du système C-CO-CO^2. On en déduira certaines conditions que doivent remplir ces appareils. On étudiera d'un autre côté la fusibilité des cendres des combustibles. Ce n'est qu'après cela

(1) Je n'envisage pas en ce moment mon enseignement, bien plus restreint, de l'École centrale.

(2) *Revue de Métallurgie*, 1912, Mémoires, p. 509.

que l'on pourra établir une classification des appareils industriels et en faire une sommaire description comparative.

L'importante question de l'affinage des métaux doit être enseignée de même : les théories des méthodes doivent être étudiées avec détails, avec les réactions, les conditions d'équilibre s'il y a lieu, etc., les appareils utilisés ne peuvent venir qu'ensuite et doivent occuper une place relativement restreinte.

Dans l'étude de l'obtention du métal par convertissage, méthode qui s'applique non seulement en sidérurgie (procédé Bessemer et Thomas), mais aussi dans la métallurgie du cuivre (transformation de la matte en cuivre brut), dans la métallurgie du nickel (déferrage de la matte), il est capital d'enseigner avant tout les conditions des opérations, montrer comparativement le rôle du convertissage dans les trois cas, indiquer la différence des opérations et du résultat final.

Les appareils et disposition d'ateliers ne viennent qu'au second plan.

De même dans le travail des produits métallurgiques, qu'il s'agisse de traitements thermiques ou chimiques, de laminage ou de forgeage, d'usinage sur machines-outils, il importe avant tout d'étudier en détails les facteurs qui peuvent influer sur les conditions de l'opération (température de chauffage, vitesse des opérations, pour les machines-outils les coefficients si bien étudiés par Taylor). Ce n'est qu'après une semblable étude que l'on peut décrire les appareils, et cela en restant dans les idées générales.

On conçoit aisément les avantages d'une telle méthode. On peut les résumer de la façon suivante : *grande précision de l'enseignement, bases solides pour toutes discussions, gain de temps très considérable, développement des idées générales.*

Mais cela ne va pas sans quelques inconvénients : un tel enseignement réclame de la part du professeur un effort continu; toutes les matières ne se prêtent peut-être pas aussi bien que la métallurgie à une semblable méthode qui a d'ailleurs à vaincre bien des résistances, à dominer de fortes positions acquises. Néanmoins, je crois que d'ici peu ces cours de science industrielle prendront une importance de plus en plus grande, au détriment des cours descriptifs. Ainsi l'enseignement *ex-cathedra* pourra être plus condensé.

Je rappelle en effet qu'actuellement l'École Centrale donne 1.690 heures de cours; l'École des Mines (depuis peu) 1.125 heures et les écoles allemandes qui ne forment que des spécialistes, 1.090 à 1.820, suivant les spécialités et cela en quatre années.

Le second facteur de l'enseignement réside dans les travaux pratiques, notamment les manipulations. Nous avons montré la place importante prise par ces travaux, même dans les Écoles françaises, qui ont été lentes à envisager cette question. Leur caractère doit être très net : apprendre aux futurs ingénieurs à faire des mesures ou des déterminations ayant un réel intérêt industriel.

Ces manipulations doivent se traduire par un effort personnel; cela oblige à exclure toutes ces réunions par groupe autour d'appareils tout montés, toutes ces manipulations dans lesquelles il suffit de presser un bouton pour obtenir le résultat cherché. Il faut que l'élève apprenne réellement à se servir des appareils de mesure ou d'essais, qu'il soit continuellement aidé pour cela par un homme compétent.

Le troisième facteur de l'enseignement se trouve dans les travaux graphiques et les projets. Qu'on me permette de m'élever ici contre la méthode généralement adoptée pour cette partie de l'éducation de nos élèves. La plupart du temps, les projets sont tels que l'on trouve aisément des dessins chez les constructeurs et que tout est ramené à un travail de copie, avec, j'y consens, changement de cotes Mais d'efforts personnels, point; de réflexion, aucune. Un projet ne doit pas non plus exiger des élèves, par un ensemble trop complexe, une production qu'un ingénieur de métier ne pourrait donner qu'en un temps beaucoup plus important. Tout projet intéressant doit, à mon sens, réclamer des plans généraux, montrant notamment les phases des diverses fabrications, les relations d'appareils à appareils, d'atelier à atelier, l'étude des appareils étant condensée en des croquis accompagnant les calculs. Enfin, l'énoncé du projet devra imposer à l'élève des recherches documentaires et bibliographiques.

Le contact de l'élève avec l'industrie par des visites d'usine, des voyages d'étude, des stages d'atelier, constitue le quatrième moyen que l'École a à sa disposition pour former les ingénieurs. Ce n'est pas le moins important

Rappelons que les stages d'usine sont régulièrement organisés en Allemagne, en Belgique et aux États-Unis et qu'on les envisage très sérieusement en Angleterre. La question a, d'abord, été fort négligée en France; elle a cependant progressé; il est de la première nécessité qu'elle reçoive une solution définitive et complète. Que doivent être ces stages? Au point de vue durée, nous le savons, les écoles étrangères exigent un stage d'une année pouvant être divisée en deux phases égales (Aix-la-Chapelle). Sans aller aussi loin, il serait aisé de faire au moins deux stages de deux mois chacun et je partagerai volontiers l'avis de la commission anglaise qui demande un stage d'usine de constructions mécaniques, quelle que soit la spécialisation envisagée.

Avec l'organisation française actuelle, ces stages ne peuvent être qu'entremêlés à l'enseignement et être effectués entre les années scolaires.

Quant à l'esprit même de ces stages, il ne me paraît pas qu'il puisse y avoir la moindre hésitation : il faut que l'élève soit entièrement mêlé, qu'il participe à la vie même de l'usine, en se soumettant à la discipline générale, en passant si possible d'atelier en atelier, de plate-forme en plate-forme, après un stage variable à chaque poste suivant son importance.

Mais, évidemment, pour admettre un tel progrès dans notre enseignement technique, il faut, avant tout, obtenir le concours de nos industrels. Cela ne me paraît pas impossible, j'ai pu ainsi faire effectuer dans les trois années qui ont précédé les événements actuels, quatre-vingts stages par an aux élèves de seconde année à l'École Centrale; bien que ces stages ne fussent que de quinze jours, il est incontestable que les intéressés en tirèrent un bien réel, visible d'ailleurs par le compte-rendu qui en était fait à la place de ces insipides travaux de vacances, qui ne sont, pour la plupart, que la reproduction hâtive — et souvent incomprise — d'installations récentes ou d'appareils nouveaux. Que les industriels me permettent de leur adresser de cette chaire un chaleureux appel! Ils ont entre les mains un des facteurs importants de notre enseignement technique supérieur. En ouvrant toute grande les portes de leurs usines, de leurs chantiers, de leurs exploitations, ils peuvent faire beaucoup pour la formation des ingénieurs et par conséquent pour le développement de l'industrie française.

Il est d'autres moyens d'établir le contact entre les élèves et l'usine; pour être moins complets, ils ne peuvent être négligés. Je fais allusion aux visites d'usines, aux voyages d'études. Les premiers sont faciles à organiser, notamment dans la région parisienne. Chaque année, mon enseignement du Conservatoire et de l'École Centrale trouve, dans la région parisienne, des illustrations très intéressantes. Quant aux voyages d'étude, ils sont beaucoup plus aisés à organiser et beaucoup moins coûteux qu'on ne se le figure généralement. Je m'excuse de citer des exemples qui me sont personnels; cependant ils me permettront d'apporter quelque précision. Chaque année, à Pâques, je conduis mes élèves du Conservatoire dans un centre métallurgique; chaque année, avant les grandes vacances, je guide mes élèves de l'École Centrale dans une région industrielle. Pour citer deux seulement de ses voyages, je dirai qu'un séjour de six jours à Bruxelles, Aix-la-Chapelle, Stolberg, Liège et ses environs, avec visites d'usines de grillage de blende, de l'École d'Aix, de quatre usines à plomb et à zinc, de laitonnerie, des aciéries de Cockerill et d'Ougrée, de l'Université de Liège, etc., avaient coûté, tout compris, voyage et séjour, 90 francs; une visite à Lyon, Grenoble, Allevard, Chambéry, Ugine, Annecy, faite quelques semaines avant la guerre, était revenue à chaque adhérent à moins de 80 francs; cependant une partie du voyage (Grenoble à Annecy) s'était effectuée en auto-cars. Il est bon d'ajouter qu'à ces voyages le nombre des participants atteignait la centaine. C'est une erreur de croire que l'organisation de telles excursions est difficile. D'ailleurs, le travail ainsi imposé n'est rien à côté de la joie que l'on ressent en voyant tout le bien que les élèves retirent de ces visites et toute la clarté qu'elles jettent sur l'enseignement.

Mais, pour que le fruit en soit important, il est indispensable que le professeur accompagne les élèves et que pendant ces visites, il soit le « collé » et non le « colleur ».

Enfin, je voudrais dire encore quelques mots d'un dernier facteur de l'enseignement : les *documents* qui doivent être remis aux élèves. Ils ont évidemment une importance toute spéciale, surtout dans les Écoles où les cours sont pris par les élèves eux-mêmes et ne sont pas imprimés. A mon sens, ces documents doivent être beaucoup plus importants que ceux envisagés aujourd'hui. Ils doivent comprendre :

1° A défaut du cours même, un résumé, un plan détaillé des leçons, qui doit guider l'élève;

2° Tous les plans d'appareils, d'ateliers, d'usines qui correspondent à des données modernes. Sous ce rapport, l'enseignement de l'École centrale a toujours dominé tout ce qui s'est fait, même à l'étranger;

3° Une bibliographie aussi complète que possible des questions traitées;

4° Des documents économiques, comprenant surtout le prix de revient, les prix de vente, les statistiques (production, consommation, commerce extérieur, des principaux pays), les tarifs douaniers, etc.;

5° Des documents scientifiques, qualités des produits, constantes physiques, cahiers des charges, etc.

Il faut que ces documents constituent un fond de bibliothèque et que l'élève, devenu ingénieur, soit conduit instinctivement à s'y reporter, lorsque des difficultés se présenteront devant lui. Inutile d'ajouter que ces documents doivent être tenus au courant, chaque année.

Qu'il me soit permis de résumer ici les modifications que je viens de formuler pour l'enseignement proprement dit :

Nécessité de l'enseignement encyclopédique pour la formation d'un certain nombre d'ingénieurs.

Nécessité de l'enseignement spécialisé pour la formation de certains autres, peut-être plus nombreux.

Au point de vue de l'enseignement encyclopédique, qui, de par la durée même des études, ne peut être aussi complet qu'il paraît désirable :

Limiter l'enseignement aux facteurs communs à toutes les industries et aux idées générales des fabrications.

Remplacer les cours descriptifs par des cours de science industrielle, pour toutes les matières où cela est possible.

Orienter les projets vers des données telles que l'élève puisse faire jouer son initiative et fournir un travail personnel.

Développer les travaux pratiques dans la voie des mesures industrielles.

Rendre les stages d'usines obligatoires, en demandant le concours des industriels.

Augmenter les visites d'usines et les voyages d'étude.

Fournir aux élèves de nombreux documents précis.

Une question subsiste cependant qui n'a point encore été analysée; nous avons bien indiqué que l'enseignement encyclopédique, nécessaire à certains ingénieurs ne devait pas atteindre la généralité des élèves et que la spécialisation était indispensable pour certaines industries. Il est incontestable qu'actuellement la France ne forme pas assez de spécialistes.

Il ne faut point perdre de vue cependant que des efforts importants ont déjà été faits en ce sens, spécialement au point de vue chimie et électricité. Nul ne peut nier les services rendus par les instituts fonctionnant près des universités et les Écoles particulières. Cependant, et dans une certaine mesure, leur généralisation doit être envisagée.

Le projet de M. le Sénateur Goy. — Ce que peuvent faire les Universités. Ce qu'elles ne peuvent pas faire.

La question d'ailleurs n'est pas nouvelle et, sans revenir sur les créations que nous avons déjà indiquées, nous rappellerons que M. André Blondel proposa en 1909, au Congrès de Lille de l'Association française pour l'Avancement des Sciences le « Développement de l'enseignement technique dans les Universités par la création des Facultés techniques ».

« Je propose, disait M. Blondel, je propose donc comme un résultat de « l'expérience acquise à l'étranger, la création en France d'organismes absolu- « ment indépendants, les « Facultés techniques ». Elles seraient créées dans les « grands centres industriels » les seuls où ces établissements peuvent vivre et « se développer d'une manière normale, en offrant aux élèves et aux professeurs « toutes les ressources nécessaires ». M. Blondel proposait quatre années d'études, deux années d'études théoriques, deux années de spécialisation.

On sait que cette question des Facultés techniques est tout à l'ordre du jour, de par la proposition de loi déposée le 30 juillet 1915 par M. le Sénateur Goy. Je laisse de côté les considérants qui accompagnent le projet et qui ne nous apprendraient rien (1); mais je cite le texte même des articles au nombre de 4 :

ARTICLE 1er. — Il pourra être créé par décret dans chaque Université une Faculté de sciences appliquées destinée a l'enseignement supérieur des arts techniques et des applications de la science à l'industrie. Dans les petits centres universitaires, les Facultés des sciences pourront être transformées en Facultés de sciences appliquées.

ARTICLE 2. — Les nouvelles Facultés feront partie de l'Université dans le ressort de laquelle elles fonctionneront. Elles seront soumises aux mêmes règlements, posséderont les mêmes droits et prérogatives que les autres Facultés, tant qu'il n'y aura pas été dérogé par le règlement d'administration publique prévu par la loi.

Elles délivreront le diplôme de docteur ès-sciences appliquées. Ce diplôme pourra être divisé en plusieurs branches.

ARTICLE 3. — Un règlement d'administration publique, établi après avis du Conseil supérieur de l'Instruction publique, déterminera les conditions de création et de fonctionnement de ces Facultés sous la réserve expresse que ces nouvelles Facultés recruteront leurs élèves réguliers parmi les licenciés ès-sciences ou les titulaires de certificats d'études supérieures; que leur enseignement sera adapté aux industries de la région où elles se trouveront; que les professeurs seront choisis sans condition de diplôme, d'après leurs titres scientifiques et leur valeur industrielle et qu'ils ne pourront enseigner que pendant un temps limité.

ARTICLE 4. — Les Instituts de sciences appliquées, ressortissant des Facultés des sciences, seront transférés aux nouvelles Facultés, dont ils feront partie intégrane.

Bien entendu cette proposition de loi a déjà été très discutée et je voudrais résumer ici les opinions qui ont pu être recueillies.

(1) Toutefois on s'étonnera de voir M. Goy s'appuyer sur les Enseignements des Facultés de Médecine et de Droit pour réclamer de nouveaux Enseignements techniques, la pratique n'étant précisément donnée ni par les unes, ni par les autres.

C'est tout d'abord M. Barbillon, professeur à la Faculté des Sciences, directeur de l'Institut Électrotechnique de Grenoble qui discute de façon très serrée la question (1). Il objecte à l'article 1er les grosses difficultés que présentera la transformation des Facultés des Sciences de *petits centres universitaires* en Faculté des Sciences appliquées. Les professeurs seront-ils ainsi *évolués* malgré eux? Et M. Barbillon ajoute : « Notre mal est surtout celui dont souffrait Panurge, *le faulte d'argent*. En effet, il faut compter plus d'un million pour créer un Institut et une annuité de 150.000 fr. pour l'entretenir ». Mais le point le plus important de la discussion est celui soulevé par l'article 3, et le directeur de l'Institut Électotechnique de Grenoble s'élève avec juste raison contre le fait « de n'accepter comme élèves réguliers que les licenciés ès-sciences ou les titulaires de certificats d'études supérieures... De nombreux élèves très bien doués au point de vue scientifique, provenant de grandes Écoles ou même des Écoles d'Arts et Métiers, ne peuvent pas accéder sans de grosses difficultés, comme l'on sait, aux certificats d'études supérieures. Il semble que le premier souci du législateur, dans la réorganisation en vue, devrait être d'ouvrir au contraire très larges les portes des futures Facultés Techniques aux étudiants provenant déjà d'Écoles Techniques. » M. Petit, directeur de l'École de Brasserie de Nancy appuie dans le même sens : « Nous voulons conserver notre système actuel qui a fait ses preuves : au plus un examen, non pas un concours d'entrée. »

Enfin, le choix des professeurs attire l'attention. Nous avons dit notre sentiment à ce sujet. Seuls peuvent avoir la prétention d'enseigner une technique, ceux qui ont un pied dans l'industrie. Il faudra donc que les universités fassent appel à des compétences prises hors de leur sein et non pourvues des grades de docteur, alors que jusqu'à maintenant on n'a pu le faire qu'à des titres secondaires, comme à Nancy. Si les nouvelles universités que l'on veut créer s'écartaient de cette voie, elles iraient certainement à un échec complet. Dans une étude plus générale, M. Guntz (2) directeur de l'Institut Chimique de l'Université de Nancy, envisage favorablement le projet de M. Goy et, préoccupé, lui aussi, par le recrutement du corps enseignant remarque que « cette autonomie réclamée pour les Écoles ou Instituts permettrait de faire appel à des techniciens de l'industrie, sans avoir à envisager la question de leur assimilation au personnel ordinaire des Facultés » et il propose l'organisation suivante :

1° Série d'Instituts, doués d'une large autonomie, les uns généraux, les autres spécialisés pour une industrie; ces instituts sont rattachés à l'Université, soit directement, soit par l'intermédiaire d'une Faculté technique; cette dernière ne serait à créer que dans un très petit nombre de centres, possédant une organisation presque complète d'Instituts généraux;

2° Chaque Institut possède des laboratoires de recherches, largement dotés comme personnel, budget et matériel, celui-ci tenu constamment au courant des progrès; ces laboratoires servent à deux fins : entraînement des élèves au travail personnel, recherches pour l'industrie. Leur direction serait utilement

(1) *Revue Scientifique*, 12-19 février 1916.
(2) *Revue Scientifique*, 12, 19, 26 août 1916.

confiée à des techniciens de l'industrie, pourvus d'un engagement temporaire;

3° Le corps enseignant comprend des professeurs appartenant au cadre des Facultés des Sciences et soumis au même statut qu'actuellement et des professeurs à l'Institut pouvant être désignés sans condition de grades pour une durée temporaire;

4° Dans chaque Institut général la formation scientifique nécessaire est donnée par des cours et des professeurs spéciaux, sans utilisation nécessaire des cours destinés aux candidats à la licence;

5° Les questions touchant à l'enseignement appliqué sont du ressort de sections spéciales à créer, soit au Conseil supérieur de l'Instruction publique, soit au Comité consultatif des Sciences;

6° Les élèves sont admis dans les Instituts sans concours et sans obligation de grades universitaires; un examen probatoire est établi à l'entrée;

7° La sanction des études est un diplôme d'ingénieur reconnu par l'État pour les Instituts généraux; il ne peut être obtenu qu'après l'exécution dans les laboratoires de recherches, d'un travail personnel, jugé satisfaisant; des diplômes de mécanicien, électricien, chimiste, peuvent être délivrés aux élèves qui auraient satisfait aux examens et n'effectueraient pas de travail de recherche.

D'autres universitaires, notamment M. Mathias, de Clermont, craignent la suppression des petites Facultés, et voient là un mouvement de centralisation absolument contraire à celui qui a présidé à la création des Universités françaises.

M. A. Blondel, membre de l'Institut, que toutes les questions de l'enseignement technique ont vivement préoccupé, fait ressortir dans une récente étude (1) que « pour orienter convenablement l'enseignement technique, il convient de définir très exactement les différentes catégories de techniciens, de proportionner chacune aux besoins déclarés des employeurs et *de ne pas favoriser à l'excès la spécialisation, mais de la mettre à la portée de tous les ingénieurs ayant déjà une formation générale.* Il ne faut pas oublier que l'industrie a besoin de plusieurs espèces d'hommes techniques, donc de plusieurs catégories différentes d'établissements d'enseignement et de professeurs ».

Et c'est bien là que se trouve toute la vérité. Les grandes Écoles doivent poursuivre un but, les Universités un autre : celui de la spécialisation.

Les Universités ne peuvent pas donner cet enseignement encyclopédique, indispensable à la formation des chefs; elles ne le peuvent ni par leur organisation (manque de discipline pour les élèves comme pour les professeurs), ni par leur méthode, ni par leur esprit. Mais elles peuvent être des plus utiles au développement industriel du pays en agissant, comme l'a fort bien exprimé M. Henry le Chatelier (2), soit par des conférences temporaires sur des progrès récents de science appliquée à l'industrie, soit par un enseignement permanent

(1) *Revue scientifique*, 29 juillet-5 août 1916.

(2) *Revue internationale de l'enseignement* : les Universités et les Écoles spéciales devant l'enseignement technique.

de science industrielle, tels que ceux existant déjà à Nancy, Grenoble, etc., soit enfin en créant des laboratoires d'études pour les ingénieurs. Mais, je le répète, les Universités ont à redouter deux causes d'échecs : le recrutement de leur corps enseignant; le trop grand nombre de diplômes. Si l'on se borne aux grands centres industriels, beaucoup d'Instituts ne seraient qu'à transformer ou augmenter : Lille, Lyon, Grenoble, Marseille, Toulouse, etc... Bien peu de Facultés nouvelles seraient à créer : Nantes, Bordeaux, Rouen, sont à peu près les seuls centres industriels non pourvus (1).

Une vulgarisation trop grande de ces enseignements jettera sur le pavé un grand nombre de jeunes gens qui feront entendre des plaintes semblables à celles que nous avons signalées en Allemagne et encore faut-il bien tenir compte de ce fait qu'un ancien élève de nos Universités n'admettra jamais le rang qu'occupe l'ingénieur-spécialiste allemand, avec toutes ses conséquences. Il y a là une réforme de l'esprit qui nous semble bien difficile à opérer, beaucoup plus délicate que toutes celles envisagées au cours de cette conférence. Un diplômé de l'enseignement supérieur français, quel qu'il soit, est persuadé — non sans raison — qu'il appartient à l'élite intellectuelle de la Nation, et que, de ce fait, il doit occuper un rang élevé dans l'échelle sociale du pays. Je crains fort, je le répète, que le projet de M. le Sénateur Goy, s'il est poussé trop loin, ne conduise à une pléthore d'ingénieurs, ce qui sera plus désastreux encore chez nous que chez nos voisins. Il y aura donc là, comme en toutes choses, un juste milieu à observer.

Le cinématographe et le haut enseignement technique.

Avant de terminer ce qui a trait à l'école même, je voudrais dire deux mots d'une méthode d'enseignement que j'ai beaucoup entendu critiquer autour de moi et à laquelle, à mon avis, on n'a généralement pas donné une place assez importante : je fais allusion à l'emploi du cinématographe. Les projections fixes se sont développées, même dans nos grandes Écoles et cela fort heureusement; car il est des enseignements, tel celui de la métallographie microscopique, qui ne peuvent s'en passer. Mais les projections animées sont fort utilisées; imitant en cela quelques-uns de mes collègues, j'ai cherché à les employer sur une assez vaste échelle tant au Conservatoire des Arts et Métiers qu'à l'École Centrale et je reconnais que cette méthode m'a été de la plus grande utilité. On a souvent reproché au cinématographe de transformer un cours en conférence populaire; on a ajouté qu'il fausse les idées, parce que reproduisant avec trop de rapidité les mouvements ouvriers. Ces reproches ne tiennent pas, à condition que l'on choisisse, de façon très précise, les sujets. La seule objection que l'on peut faire au cinématographe est son coût élevé. Je m'empresse

(1) M. Henry Le Chatelier demande, au contraire, la diminution de ces centres universitaires : « Quatre au plus suffiraient : Paris, Lille, Lyon et une dans le Midi, Toulouse ou Bordeaux ».
(*La Nature*, 28 octobre 1916).

d'ajouter que, grâce à la maison Gaumont, il m'a été donné de faire prendre, sans bourse délier, de nombreuses vues d'usines métallurgiques, mon rôle se bornant d'ailleurs à toutes indications techniques, et la maison Gaumont s'engageant à mettre à ma disposition les vues pour mon enseignement.

A titre d'exemples, trois vues sont projetées avec l'appareil ordinaire :

1° *Vues de hauts-fourneaux* montrant l'ancien mode de chargement par ascenceur vertical et wagonnets et le chargement moderne par skip et benne obturatrice.

2° *Vue d'une usine à zinc moderne* (*Maulde-Mortagne dans le Nord*) qui permet de suivre toute la fabrication depuis l'arrivée du minerai jusqu'au raffinage du zinc, en passant par la fabrication des creusets.

Cette vue extrêmement délicate à prendre, permet, en quelques minutes de donner une idée très juste des procédés utilisés.

3° *Essais modernes de produits métallurgiques : traction, choc, dureté, métallographie.* Ces vues prises au laboratoire des usines de Dion et Bouton montrent tous les appareils d'essais et leurs modes d'utilisation ainsi que leurs résultats. On note une vue prise au microscope Le Chatelier.

Suivent des vues projetées à un appareil spécial permettant l'arrêt à un moment donné, grâce à des films ininflammables.

Indiscutablement, le cinématographe doit être regardé comme un aide très intéressant de l'enseignement technique supérieur.

III. — APRÈS L'ÉCOLE

Je voudrais, en terminant toucher quelques mots — très discrets d'ailleurs — d'une question fort délicate, mais qui présente à mon sens un très gros intérêt pour le pays et pour notre industrie : l'enseignement post-scolaire.

Voici un jeune ingénieur, sorti brillamment de l'École, qui cherche à entrer dans l'industrie. Plusieurs cas peuvent se produire : il peut entrer de suite dans la carrière; des questions délicates et très spéciales lui sont posées; il voudrait les résoudre et serait heureux d'avoir à sa disposition quelques laboratoires où poursuivre ses recherches. La plupart de ceux qui lui sont ouverts n'offrent aucune organisation. — D'autre part, il arrive fort souvent qu'un ingénieur, à sa sortie de l'École, veuille se perfectionner sur une question déterminée, parce que, les connaissances générales acquises, il veut s'orienter dans une voie bien précise. C'est ainsi que l'École supérieure d'Électricité reçoit un certain nombre d'anciens élèves des grandes Écoles. Mais combien d'autres spécialités ne sont point enseignées.

On conçoit donc très bien que certaines Universités envisagent actuellement cet enseignement postscolaire. C'est ainsi que, sur la proposition de M. Henry Le Chatelier, la Faculté des Sciences de l'Université de Paris va créer un enseignement expérimental supérieur de la mécanique, l'électricité, la physique et la chimie. La durée sera d'un semestre pour chacun de ces enseignements. Les élèves seront admis sur titres (licence, diplômes d'une grande école).

Il sera exigé au moins quatre heures de présence au laboratoire chaque jour. Il ne sera délivré aucun diplôme, les élèves pourront seulement demander une attestation.

Voici assurément, une très heureuse innovation dont les fruits ne tarderont pas à se montrer.

De plus, dans cette organisation de la spécialisation postscolaire, il est un établissement qui doit jouer à l'après-guerre un rôle très important, et tout à fait immédiat; je fais allusion au Conservatoire National des Arts et Métiers et je suis autorisé par son directeur, M. Gabelle, à vous dire ici que la question a été envisagée à deux points de vue différents : d'une part un enseignement formé de cours de jours et de travaux pratiques qui durerait une année scolaire entière; seraient ainsi enseignés avec tous détails scientifiques et techniques, et indépendamment des cours du soir, qui resteront toujours la base même de cet établissement, les spécialités les plus marquantes des sciences appliquées : électrochimie, électrométallurgie diverses industries chimiques, chauffage industriel, produits réfractaires, essais des matériaux, théorie des alliages et ses applications, etc., etc. D'autre part, nous avons pensé qu'il était utile de grouper chaque année, pendant une durée relativement faible, disons trois semaines environ, les contremaîtres, les chefs d'ateliers, etc., qui voudraient se mettre au courant d'une question nouvelle. C'est ainsi qu'au point de vue métallurgique, nous songerions à traiter ainsi, avec conférence et manipulations quotidiennes tantôt le traitement des outils, tantôt les questions de soudures et brasures, tantôt les essais de produits métallurgiques, etc. Dans cette voie, nous avons été encouragés par de nombreux industriels et je me permets même d'ajouter que c'est un ancien président de notre Société, M. Hillairet, qui m'en a suggéré l'idée.

Tous ces projets, qui présentent certainement un haut intérêt, sont à l'étude; nul doute qu'ils ne soient rapidement mis à exécution. — Enfin, peut-être y aurait-il lieu, je le dis très timidement, entrevoyant bien les inconvénients de ma proposition, peut être y aurait-il lieu de réouvrir les portes des grandes Écoles à leurs anciens élèves pour certains enseignements. Tout au moins serait-il possible de les laisser profiter des documents remis aux élèves et dont je demande l'extension la plus large.

CONCLUSIONS

Je résumerai ici les principales conclusions auxquelles j'ai été conduit :

1° En ce qui concerne la préparation aux grandes Écoles :

Utilité des études classiques. D'où avantages à donner à ceux qui les ont faites.

Modification à apporter dans l'enseignement des sciences expérimentales.

Suppression possible des classes de mathématiques spéciales avec report de ces études en année préparatoire.

Recrutement des élèves par voie d'examen, sur programme de mathématiques élémentaires.

D'où abaissement très net de la limite d'âge, question indispensable.

Après année préparatoire faite à l'École, élimination très sérieuse des candidats ne présentant pas une garantie suffisante d'avenir.

Programme de cette année préparatoire tel que les élèves évincés puissent gagner les Instituts Universitaires.

2° En ce qui concerne l'École Technique même :

Maintien de la discipline.

Légère diminution des examens.

Augmentation de l'effort individuel et de l'initiative par tous moyens possibles.

Recrutement unique des professeurs dans l'industrie.

Enseignement encyclopédique indispensable à une certaine catégorie d'ingénieurs.

Diminution des leçons *ex cathedra*, par la généralisation des cours de sciences industrielles.

Développement des travaux pratiques, en vue des mesures industrielles.

Orientation des projets dans une voie nécessitant plus de documentation et d'initiative.

Nécessité absolue des stages d'usine, des visites et voyages d'étude.

Importance des documents remis aux élèves.

Création possible de centres d'instruction spécialisé par l'Universités.

Emploi fort intéressant du cinématographe dans l'enseignement technique supérieur.

Besoins réels de centres d'enseignements potscolaires supérieurs.

Je m'excuse de conclusions aussi longues, dont quelques-unes paraîtront peut-être un peu révolutionnaires. En réalité, je n'ai guère fait que condenser et préciser les vœux qui ont été déjà émis ou les mesures que j'ai été, moi-même, conduit à prendre dans mes enseignements.

J'ai voulu surtout donner les bases d'une discussion qui, faite dans cette Société, pourrait être très utile et avoir de grandes conséquences; les heures que nous vivons, uniques dans notre histoire, ont déjà fait sortir bien des questions de la torpeur dans laquelle elles demeuraient. Il serait à souhaiter qu'il en fût de même pour le haut enseignement technique. Souvent critiqué et battu en brèche, peut-être n'a-t-il pas suffisamment attiré l'attention des pouvoirs publics. Et cependant, regardons autour de nous et demandons-nous si nos grandes Écoles n'ont pas rendu les plus signalés services et comme on l'écrivait récemment dans *Le Temps* (1) : « Au lieu de jeter le doute sur des institutions qui ont fait leurs preuves, qu'on travaille à mieux les favoriser, toutes, dans leur développement régulier ».

Que l'on créée même de nouveaux organismes correspondant à des besoins nouveaux, soit. Vous avez le pouvoir, vous avez même le devoir, d'embellir et de surélever le monument déjà édifié, de le compléter par des annexes, mais vous n'avez pas le droit de le saper à sa base.

Nos grandes Écoles appartiennent au patrimoine national, mieux et plus que jamais nous leur devons le respect.

Que le souvenir des nôtres, hélas si nombreux, tombés au champ d'honneur, nous guide dans les progrès à effectuer, nous inspire les moyens d'action les plus efficaces :

Au-dessus des grands deuils, les grands devoirs demeurent.

(1) *Temps*, des 24 et 27 février 1916.

www.ingramcontent.com/pod-product-compliance
Ingram Content Group UK Ltd.
Pitfield, Milton Keynes, MK11 3LW, UK
UKHW021508260726
13993UKWH00004B/1612

9 782019 982188